U0061880

中國的知識重建

鄭永年 著

商務印書館

中國的知識重建

作　　者：鄭永年

責任編輯：李震東

封面設計：涂　慧

出　　版：商務印書館 (香港) 有限公司

　　　　　香港筲箕灣耀興道 3 號東滙廣場 8 樓

　　　　　http://www.commercialpress.com.hk

發　　行：香港聯合書刊物流有限公司

　　　　　香港新界大埔汀麗路 36 號中華商務印刷大廈 3 字樓

印　　刷：美雅印刷製本有限公司

　　　　　九龍觀塘榮業街 6 號海濱工業大廈 4 樓 A 室

版　　次：2019 年 2 月第 1 版第 1 次印刷

　　　　　© 2019 商務印書館 (香港) 有限公司

　　　　　ISBN 978 962 07 6613 8

　　　　　Printed in Hong Kong

出 版 説 明

　　知識分子的社會責任從來不是一句空話，而與我們每個個體的作為密切相關。在教育改革和智庫建設如火如荼的今天，知識分子們的知識貢獻方面的使命尤為突顯。長期以來，中國知識界的各個階層和羣體，儘管對各種事物都有不同的看法，但是大多是在借用他人的概念和理論來解釋自己，結果不僅沒能解釋好自己，反而曲解了自己，更不用説希望藉此讓外在世界來了解自己了。因此，知識分子即知識的生產者，其首要任務不是照抄照搬西方知識體系，而是需要去思考西方的知識體系是如何產生的，我們自己如何能夠生產自己的知識體系。

　　筆者在思考中國崛起的時候，越來越強烈意識到，任何一個文明的核心就是擁有能夠解釋自己和説明自己的知識體系，簡單地説，就是自己的知識認同。沒有一個強大而富有生命力的知識體系，何談強大的文明。也就是説，中國文明復興的關鍵就是重建中國自己的知識體系。

　　知識體系的重建和文明復興之間關係是一個非常複雜的問題，需要大量的研究和思考。在這個過程中，既有本書裏

所提到的種種「彷徨」，也需要有知識建設的問題意識和責任感。我個人感覺到，很有必要把此當成一個長期的事業來做。這本書對早先出版的《通往大國之路：中國的知識重建與文明復興》中知識重建部分做了重新調整梳理，並把這些年的進一步思考收錄在一起，編成此書，以饗讀者。

鄭永年

2018 年 1 月

目　錄

前　言

　　無論就中國歷史還是就世界歷史而言，這個時代無疑是一個偉大的時代。自改革開放以來，中國經歷了巨大的經濟和社會轉型，乃至政治轉型。就經濟而言，中國從 20 世紀 80 年代初一個貧窮的經濟體躍升為世界上第二大經濟體，從一個幾乎處於封閉狀態的經濟體，轉型成為世界上最大的貿易大國，並且已經儼然成為世界新一波全球化的領頭羊。

　　而這些變化的背後，是從原先計劃經濟向中國自身市場經濟制度的轉型。就社會發展而言，這些年裏中國已經促成了數億人口的脫貧，同樣為世界經濟史上的奇跡；儘管還有很多窮人，但人均國民生產總值也已經超過 9000 美元。

　　社會其他方面的發展也同樣顯著，包括人口壽命、教育、社會保障、住房等。就政治而言，1949 年之後建立起來的制度經受住了各種挑戰，化解了各種危機；中國的政治制度已經顯現出其高度的韌性和靈活性，與時俱進。

　　這個偉大時代的偉大實踐需要人們來解釋，來提升，概念化和理論化，從而創建出基於中國經驗之上的中國社會科學體系。很顯然，這是中國知識界的責任。這個責任原本也

可以促成中國知識界的偉大時代，但現實無比殘酷，當中國成為世界社會科學界最大實驗場的時候，中國的知識界則進入一個悲歌時代。

說是知識的悲歌時代，倒不僅僅是因為權力、金錢和大眾對知識史無前例地鄙視，也不是因為知識常常被用來點綴，成為可有可無的東西，因為知識從來就是卑微的，也應當是卑微的。今天知識悲歌的根本原因，在於知識創造者本身對知識失去了認同，知識創造者失去了自身的主體地位，而心甘情願地成為了其他事物的附庸。中國大學眾多，每年都有很多校慶，不過一次次校慶就是對知識的一次次羞辱。

每次校慶，大家無一不是以培養了多少政治人物、多少富豪而感到自豪，唯獨說不出來的就是，沒有一所大學已經培養出一位錢學森生前所說的「大師」。實際上，今天大學或者研究機構所舉辦的各種公共論壇乃至學術研討會，人們都以邀請到大官大富為目的，而知識本身則是極其次要的、可有可無的陪襯物。

知識體系是任何一個文明的核心，沒有這個核心，任何文明就很難在世界上生存和發展，至多成為未來考古學家的遺址。從知識創造的角度來看，正是偉大的知識創造才造就了文明。在西方，從古希臘到近代文藝復興再到啟蒙時代，這是一個個輝煌的知識時代，沒有這些時代，就很難有人們今天所看到所體驗到的西方文明。中國也如此，春秋戰國時

代的「百家爭鳴」到宋朝的朱熹，再到明朝的王陽明等，鑄造了中國文明的核心。

就知識創造者來說，知識創造從來就是個人的行為。儘管有些時候也表現為羣體知識，例如春秋戰國時代的「百家」，但羣體知識仍然是基於個人知識體系之上，只是一些學者之間有了共識，才形成互相強化的羣體知識。

同時，在中國「學而優則仕」的政治環境裏，知識表面上是政府知識分子（也就是「士」）這個階層創造的，但應當指出的是，政府從來不是知識的主體。

當然，這並不是說政府在知識創造過程中就沒有責任，政府既可以為知識創造有利、有效的環境，也可以阻礙知識的創造。因此，從知識創造者這個主體來反思當代中國的知識悲歌，更能接近事物的本質。也就是說，我們要回答「我們的知識創造者幹甚麼去了呢」這個問題。

一個一般的觀察是，在中國社會中，歷來就是「爭名於朝、爭利於市、爭智於孤」。這裏，「爭名於朝」是對於政治人物來說的，「爭利於市」是對商人來說的，而「爭智於孤」則是對知識人來說的。今天的知識悲歌的根源就在於現代知識人已經失去了「爭智於孤」的局面，而紛紛加入了「爭名於朝」或者「爭利於市」，有些知識人甚至更為囂張，要名利雙收。

爭名於朝。現在和過去不一樣了，從前是「學而優則

仕」，從學的目標就是從官，並且兩者沒有任何邊界。現在從學的目標已經大大超越（至少在理論上說）了從官，並且兩者之間有了邊界。儘管大多知識人士為官了，但「為官」的心態仍然濃厚，因此還是通過各種變相的手段爭名於朝。當然，這背後還是巨大的「利益」。競相通過和「朝廷」的關聯來爭名，這個現象隨處可見。

今天在做智庫評價指標時，人們以爭取到大領導的批示和認可作為了最重要的指標，更有很多知識分子對大官竭盡吹牛拍馬之能事。文章拿到了領導的批示，這可以是一個指標，但並非唯一甚至是最重要的指標。知識有其自己的指標。如果知識人以這些東西來衡量自己的知識的價值，那麼不僅已經是大大異化了，而且很難稱得上知識。

爭利於市。這對中國的知識分子是個新生事物。傳統上，從理論上說，知識分子和商業是遠離的。從認同上說，知識分子顯得清高，不能輕易談錢的問題；從制度層面來說，「士、農、工、商」的社會安排把知識分子和商隔離開來。當然，在實際層面，兩者也經常走在一起的。不過，現在情形則不同了。知識分子以利益為本、以錢為本，公然地和企業走在一起，各個產業都「圈養」着一批為自己說話、做廣告的知識分子。

一個顯著的例子就是房地產業。中國的房地產能夠走到今天那麼荒唐的地步，不僅僅關乎房地產商和地方政府，

而且也關乎於這個產業「圈養」的一大批知識分子，因為這些人在每一少論證着政府房地產市場政策的正確性，推波助瀾，而非糾正錯誤。

在現代社會，除了與政治權力和商業利益發生關系，知識分子更是找到了其他的手段來爭名利。例如，爭名於「名」，即通過炒作既有「名人」而成名。研究既有名人未嘗不可，而且也是知識生產和創造的手段。不過，在今天的中國，人們不是認真地去研究名人，而是完全根據自己的或者他人的需要，隨意糟蹋名人。例如王陽明。王陽明是個大家，現在被炒得很紅火。不過，很遺憾的是，沒有人真正在研究王陽明，可以預見的是，如果現在的情況延續，「陽明學」很快就會演變成一種庸俗不堪的宗教，不僅靜不了人們的心，反而會攪亂人們的心。

這種現象在所謂的「國學」處處可見，人們所期望的國學精華沒有出現，而那些「牛、鬼、蛇、神」則已經泛濫成災。中學如此，西學也如此。例如馬克思。在世界範圍內，今天的中國擁有着最大羣體的馬克思研究機構和馬克思研究者，因為馬克思幾乎已經成為官方的「國學」。但是認真去讀一下這些機構和學者的產品，有多少人懂馬克思。馬克思只是他們的政治，只是他們的飯碗。

在互聯網時代，知識更是具備了「爭名利於眾」的條件。這至少表現在兩個方面。一方面，知識人通過互聯網走向了

「市場」，把自己和自己的知識「商品化」。當然更多的是充當「販賣者」，即沒有自己的知識，而是販賣人家的知識。互聯網是傳播知識的有效工具，但這裏的「販賣」和傳播不一樣，傳播是把知識大眾化，而「販賣」的目的僅僅是為了錢財。

看看眼下日漸流行的「付費知識」就知道未來的知識會成為何等東西了。另一方面，互聯網也促成了社會各個角落裏的各種各樣的「知識」（宗教迷信、巫術等等）登上「學術舞台」，並且有變成主流的大趨勢，因為衡量知識價值的是錢、是流量。

而後者的力量如此龐大，更是把前者拉下了水。今天的知識分子都是在爭流量，為此大家爭俗、爭媚，媚俗和流量無疑是正相關的。更可惜的是，官方也往往把「流量」和社會影響力等同起來。這就不難理解，即使官方媒體也和眾多自媒體一樣，堂而皇之地媚俗。

古今中外的真正學者沒有一個是爭名爭利的，有很多為了自己的知識尊嚴甚至付出了生命的代價。歷史上，不乏知識人被權力和資本所迫害的事例。近代以來才逐漸有了言論自由的保障。對大多數學者而言，名利並非是追求而來的，而僅僅只是他們所創造知識的副產品。

很多學者生前所生產的知識，並沒有為當時的社會所認可和接受，窮困潦倒。那些能夠遠離名利的學者才是真正的

名而不利，屈原便是一個很好的例子。

毛澤東曾經評論過屈原，認為屈原如果繼續做官，他的文章就沒有了；正是因為被開除了「官籍」，「下放勞動」，屈原才有可能接近社會生活，才有可能產生像《離騷》這樣好的文學作品（引自鄧力群著《和毛澤東一起讀蘇聯〈政治經濟學教科書〉》一文）。

一旦進入了名利場，知識人便缺少了知識的想像力。一個毫無知識想像力的知識羣體如何進行知識創造呢？一個沒有知識創造的國家如何崛起呢？正是因為知識之於民族和國家崛起的重要性，近來自上到下都在呼籲知識的創造、創新。為此，國家也投入了大量的財經資源，培養重點大學，建設新型智庫，吸引頂級人才等。但現實情況極其糟糕，因為國家的投入越多，名利場越大；名利場越大，知識人越是腐敗。

最近，清華大學經濟管理學院院長錢穎一稱中國還沒有建立起近代大學，這話是很有道理的。可以補充的是，不僅沒有建立起近代型大學，而且也遠遠落後於傳統書院制度。實際上，無論是近代大學還是傳統書院，重要的並不是大學制度或者書院制度本身，而是大學和書院的主體，即知識人。

有了追求知識的知識人之後，這些制度就自然會產生和發展；而在缺少知識人的情況下，最好的大學和書院也只是一個居所。更糟糕的是，在知識人自願墮落的情況下，這類

居所越好，知識越遭羞辱。

　　知識圈在下行，知識也在下行。儘管預測是危險的，但人們可以確定的是，如果這個方向不能逆轉，那麼中國很快就會面臨一個知識的完全「殖民化」時代，一個全面弱智的時代。道理很簡單，人們已經不能回到傳統不需要那麼多知識的時代，知識是需要的，但人們因為沒有自己的知識，那麼只好走「殖民」路線，即借用和炒作別國的知識。

　　在很大程度上說，「五四運動」以來中國走的就是這個方向，只是今天的加速度不是前面數十年可以想像的。

中國知識的悲歌時代

一、中國向世界解釋自己，
為甚麼往往都是錯的

中國還不能回答「中國是誰」

　　隨着中國的崛起，國際中國學的發展不可説不快。這些年，西方各國無論是企業界、政策界，還是學術界越來越注重對中國的研究。一些傳統上只側重於漢學研究的機構和組織也開始強調當代中國的研究，尤其是與政策相關的研究。對傳統漢學來説，學者們感興趣的是中國的文明、歷史、詩歌和語言等等。傳統漢學因此也就是古典文獻研究。當代中國學則不一樣，它是與當地政府、企業界和學界對當代變動中的中國興趣緊密相關，這裏更有背後的強大的物質利益的驅動。傳統漢學是學者們對傳統中國的互動，而當代中國學是各方面和變遷中的中國的互動。很簡單，只有和一個活生生的中國互動，才能理解中國，才能促進各方的利益的實現。

與此同時，中國方面也有越來越大的動力推動中外中國學的交流。隨着中國經濟上的崛起，中國有關方面也迫切需要中國的文化「走出去」，來造就中國在國際社會的軟力量。中國崛起首先是經濟上的崛起，而非軍事上的崛起。因為經濟力量要比軍事力量軟得多，中國的崛起因此可以說是「和平崛起」或者「和平發展」。但是文化力量遠比經濟力量來得軟，實行文化「走出去」來軟化經濟力量，這應當是一個有效的策略。更為重要的是，文化力量往往賦予經濟力量一種特殊的意義（meaning）。因此，隨着經濟的崛起，中國內部產生了一種強烈的驅動力，希望西方來了解中國，了解中國崛起的意義。於是，各個方面開始努力「走出去」，向西方解釋中國。從早期的孔子學院到近來的媒體「走出去」，都是中國追求文化軟力量戰略的組成部分。

　　但是，中國學或者理解中國的現狀則是令人擔憂的。西方學術界對中國研究的情況，在很大程度上是研究得越多，知道得越少。這是西方世界對中國越來越擔憂的一個重要原因。中國文化「走出去」的努力的結果也同樣不能令人滿意。儘管在社會層面，西方和中國的交流越來越頻繁，在經濟層面，互相整合性越來越大，但似乎是越來越不了解對方。很多年前（2005 年）當溫家寶總理訪問歐洲

和法國簽訂中國購買 150 架波音飛機協議的時候，就指出過，文化交流要比貿易更重要，並且強調，如果中外貿易代表現在，那麼文化交流代表未來。我非常認同這個認識。但是，代表現在的貿易飛速發展，但代表未來的文化交流呢？如果文化交流停滯不前，那麼未來肯定會成為問題的。

文化交流當然不是單向面的，需要各國的努力。但我這裏要強調的是，中國不能光責怪西方人不了解中國，而是要自己努力提供各種途徑讓西方來了解中國。但目前的情形是，我們中國人自己都不了解自己，不能回答「我是誰？」的問題。如果是這樣，如何要求西方了解中國呢？

西方「看着蘋果（西方）來論述橘子（中國）」

根據我的觀察，西方中國研究存在着幾個大的障礙。首先是價值觀問題。這是難免的，因為任何一個社會的學者都會自覺或者不自覺地用已經接受了的價值來看待另外一個社會。韋伯（Max Weber）曾經非常強調在認識社會和分析社會時要做到「價值中立」（value-free），但這僅僅是個理想，能做得到的僅僅是少數幾個學者，大部分學者是做不到的，更不用説政治人物了。「看着蘋果（西方）

來認識橘子（中國）」是西方學者的一個普遍趨勢。西方學者用蘋果來看橘子，也希望中國這個橘子能夠演變成為蘋果。馬克思說知識分子的兩大任務是「認識世界和改造世界」。對很多西方學者來說，他們「認識」中國的目的就是要「改造」中國。而改造中國則更具有價值觀含義。當然，西方人也的確相信，他們是有能力根據他們的價值觀來改造中國的。

這使得學術具有了政治意義。實際上，要「改變中國」幾乎是中國和西方開始打交道時西方人就有的信念。西方能夠改變中國意味着甚麼？很簡單，就是引導或者迫使中國成為一個符合西方理念的國家。從歷史上看，當西方（錯誤地）感覺到中國正在往西方所想像的方向發展時，就感到高興，中國和西方的關係也會表現出密切；但當西方感覺到中國的發展方向和西方所想像的背道而馳時，就感到悲憤，雙邊關係也自然轉壞。

所以，當 20 世紀中國開始改革開放時，西方對中國表現出驚人的友好。當時很多西方人認為改革開放會使得中國成為另外一個西方式國家。鄧小平幾次登上美國《時代》週刊就很有這方面的味道。但是，當 1989 年春夏間的政治風波發生後，西方人的「中國夢」很快就破滅了。美國領導整個西方對中國實行了各方面的制裁，而這些制

裁到今天還在影響中國和西方的關係。

1989 年以後，中國和西方的故事，大都是中國主動向西方調整政策。儘管兩者之間的關係也有起伏，但總體上說是中國有意願向西方利益作調整。在經濟方面，中國加大開放自己的大門，「邀請」西方資本到中國。中國尤其花了很大的精力加入世界貿易組織。中國加入世界貿易組織對西方來說具有標誌性意義，因為這意味着中國接受了西方主導的現存國際經濟體系。在政治上，儘管中國官方努力抵制西方式的政治發展和民主化，但中國也表現出了很大的意願在一些敏感的政治領域（如人權）和西方對話，接受聯合國人權公約。中國向西方調整政策的意願也促成了西方的對華「接觸」政策，就是說，西方配合中國的調整，來促使中國更快地朝西方所希望的方向變化。很多西方政治領袖堅定地相信中國的權威主義政治會隨着自由市場的發展而消失。

更為重要的是，隱含在西方人「改變中國」信念背後是一個堅強的道德判斷，那就是西方代表着現代歷史唯一正確的方向。中國只有接受西方的引導才是正確的，否則就是錯誤的。西方的信念符合其文化價值和國家利益，在這個信念主導下，西方很難意識到其在認識和理解中國過程中有需要做到「價值中立」，更不用說從中國的角度來

認識和理解中國。

西方認識中國的第二個瓶頸是方法論問題。儘管西方一些學者的價值觀阻礙了他們對中國的客觀認識，但主要還是一個方法論的問題。西方學者用西方的概念和理論來分析中國，正如在西方本位價值立場上觀察中國一樣，也往往產生一種「看着蘋果（西方）來論述橘子（中國）」的局面。到目前為止，大多西方社會科學的概念和理論是西方社會科學家用西方產生的科學方法來觀察西方社會現象的產物。對很多概念，西方學者之間本身就有很多爭論，但鑒於概念出自對西方社會現象的觀察，在方法論和其所產生的概念、理論之間存在着內在的邏輯一致性，因此總會被人所接受。不過，當這些概念和理論被用於解釋中國現象時，這種邏輯一致性就消失了。結果往往是，西方學者在對中國研究過程中，批評（或者讚揚）多於解釋，只問「為甚麼」，而不問「是甚麼」。或者削足適履，或者盲人摸象。

在方法論方面，西方學者，還面臨一些研究技術問題。一種情況是，一些學者越來越側重於微觀層面，研究題目越小越好。這是可以理解的，因為從知識發展和增長的角度來看，從微觀層面入手更有可能有新的發現。但這種情況往往產生「研究得越多、知道得越少」的局面，或

者中國人所説的「只見樹木、不見森林」的情況。進而，這樣得到的知識也很難應用到其他的時間和空間的社會現象。這些學者通過各種研究調查技術了解到很多細節，但不了解這些細節和其背景的關係。另一種情況剛好相反，學者們想通過研究中國得到一般性的結論。往往是帶着既定的一套觀念方法，繞開背景資料和歷史脈絡，尋找到一些可以操作數據和案例（不管是經濟數據還是社會數據），用現存的技術來處理。這些學者往往不知道中國的經濟、社會和政治的背景，沒有細節。文章可能做得很好，但不知道文章在討論哪一個國家的問題。就是説，社會科學中的「社會」消失了，所留下的只是科學。但很顯然，離開了你所談論的「社會」，「科學」也不是科學了。

西方社會科學在 18 世紀、19 世紀的時候得到了飛速的發展，經過亞當・斯密、馬克思、韋伯、涂爾幹、帕森斯等諸多大師的建構，已經確立了宏觀的「大理論」(grand theory)。社會科學家們已經把各種制度背景説得很清楚了，並且有長時期的爭論，人們對經濟、社會和政治等各方面問題的共識和分歧看得比較清楚。在這樣的情況下，學者們轉向微觀是可以理解的。再者，從制度層面來説，西方國家和社會的各個方面已經高度制度化，儘管在細節和規模上或有損益，但總體制度結構和原理相對恆定不

變，這也使得西方學者可以在宏觀制度變量不變的情況下來研究微觀的行為。但中國顯然並沒有這種情形。自近代以來，中國一直處於大變動和大轉型過程之中，這個過程迄今還沒有完成。因此，很多概念和理論放在西方的背景合情合理，但一旦被機械地搬到中國的情形中，就顯得不適時宜。

中國「依葫蘆畫瓢」與中西方的相互「誤解」

要理解中國，中國學者本身應當盡最大的責任。實際上，較之西方學界，中國的研究界存在着更大的問題。其實這其中的很多困難是多數西方學者所不能克服的，但對中國學者來說要克服並不難，問題在於中國學者本身並沒有問題意識。

首先是中國學者的價值問題。西方學者認識中國有價值問題，但很荒唐的是，中國學者在這方面的問題似乎更為嚴重。從「五四運動」以來，中國的傳統價值觀發生了動搖。無論是學者還是政治人物，都試圖用西方的概念、理論來解釋中國現象。這裏既表現為學術概念和理論問題，也表現為價值問題。很顯然，西方的很多概念是西方價值的載體。學習西方成為風潮，並且被視為是政治上正

確。在學術研究上，抵制西方被認為是政治上不正確。這就造成了濫用西方概念和理論，隨意曲解中國歷史事實和現象。結果就是，不是用蘋果（西方）來批評橘子（中國），就是把蘋果皮硬貼到了橘子上。我隨便舉一個例子，從「五四運動」以來，大多中國學者都説傳統中國是「封建專制」。我想，直到今天，很多人對這個概念仍然深信不疑。但問題是，封建專制不是一個事實。在西方的歷史，封建和專制是兩碼事。要麼封建，要麼專制，兩者不能生長在一起。封建意味着分權，即西方統一民族國家產生之前的封建制度。而專制指的是另外一種國家形態，即高度集權的統一民族國家。在西方，人們很明白從封建到專制的轉型過程，指的是兩種不同的政治體制形態。但在中國，秦朝之後再也沒有類似於西方的封建了。同樣，中國也不存在西方專制政治形態的一整套基本國家制度。嚴格地説，到現在還沒有。這裏不是要為中國傳統的制度作辯護，只是想説明，西方的很多概念説明不了中國的歷史或者現實。用西方的價值來否定中國的傳統並不能使得我們對中國有更好的認識；反之，它阻礙着我們對自身的認識。

價值觀之外，那就是方法論問題了。中國本身沒有社會科學傳統，要做研究就不得不用西方的概念和理論。這也是可以理解的。但對大多數人來説，學習西方就是搬

用人家的概念和理論，而方法反而在其次。在很大程度上說，自「五四運動」以來，中國的知識分子扮演的只是一個西方「代理人」的角色，或者說，他們所作的和西方學者所作的並沒有甚麼兩樣，是把西方概念和理論傳播和應用到中國。直到今天，這個傳統還是根深蒂固。改革開放以來，中國學術大面積地西方化、美國化。學習西方是應該的，因為這是一個了解西方的過程。但學習西方並不見得照搬西方的思維方式。今天，隨便到哪一個書店，隨便翻一本書，人們可以發現，除了大量的連作者自己都沒有完全理解和消化的西方概念，甚麼都沒有。從前還講一些一點「中國化」的口號，現在連這個口號乾脆也取消了。很多人是機械搬用。一些人言必稱「馬克思」，而另一些人言必稱「希臘」。很少有人真正在研究中國，也很少有人在真正認識中國。

結果怎樣呢？學術研究變成空談。這使我想起了中國左派和自由派之間對政治改革的爭論。「左派」和「自由派」長期以來對中國政治改革處於無謂的爭論之中。儘管兩派的觀點正好相反，但思路一模一樣，即兩邊針對的都是同樣一個「稻草人」。自由派一談政治改革總是離不開西方式「多黨制」和「三權分立」。他們把西方的制度看成是普世的。他們看到了中國的問題，就簡單以為一旦選擇

西方道路就可以解決中國的問題。或者形象一些説，他們是看着蘋果（西方）罵橘子（中國），認為橘子沒有救了，只有把橘子變成蘋果才好。所以中國政治改革的目標就是把「橘子」變成「蘋果」（應當指出，他們中的一些也的確真誠相信「橘子」是可以變成「蘋果」的）。

左派的觀點剛好相反。他們立場明確，反對自由派所提倡的一切。一旦談及政治改革尤其是民主政治，就如臨大敵。左派從心理上抵禦民主，認為民主僅僅屬於西方，中國並不需要。他們過分突出中國特色、國情、文化等因素。在他們看來，中國和西方的不同不僅僅是蘋果和橘子之間的區別，而是一個是水果，一個是蔬菜之間的差異。實際上，「左派」使用的話語大多也是從西方引進來，包括新馬克思主義。

學者和社會現象之間的關係，就類似於醫生和病人之間的關係。醫生根據自己所學的知識和掌握的技術為病人看病。如果醫生看不好病，他（她）只能反思自己所學的知識和掌握的技術，而不能説病人的病「生錯了」。那麼看不好「病」怎麼辦？需要的是修正所學的概念和理論，因為「病」作為一個客觀的事物存在着。而對很多西方學者和中國學者來説，如果他們的理論解釋不了現實，就説「現實」錯了。這樣當然不會促使人們去認識客觀現實，

增進對客觀現實的理解。

　　應當指出的是，改革開放以後，中國也產生了很大一批掌握了西方社會科學研究技術的人才，包括留學生和中國自己培養的學者。在技術上，他們中很多人現在已經能夠和西方學者平起平坐，甚至比西方學者更優秀。他們可以在西方的主流學術雜誌上發表文章。可惜的是，他們學到了西方的研究技術，而非方法論意義上的社會科學。和西方學者一樣，他們的社會科學研究中強調的只是「科學」，而沒有「社會」。當然，如前面所說，這種研究很多都是膚淺的「科學」（很多嚴格來說只是對一般尋常見識的形式化表述），如果不能說是偽科學的話。

　　在這種情況下，中國的中國學研究也同樣在曲解中國本身。要麼自欺欺人，要麼欺騙他人。因此，中國和西方之間越來越深的「誤解」也有中國本身的原因。長期以來，中國也的確在誤解西方。改革開放以來，中國人本身也對自己國家的變化充滿信心，很多人也相信，隨着改革開放和世界接軌，中國本身也會成為類似於西方的國家。一些中國學者在他們發表的論文中，大都想傳達這個信息。這樣的話語表現在政治人物和外交官，還可以理解，但表現在學界則很不應該了。亞洲的一些政治人物就是這麼做的，在自己社會實踐表面上的西方民主，然後告訴西方，

我們變成你們了。政治人物可以哄騙他人，但是學者不能這樣做。學者追求的是真理，不是一時的宣傳效果。

因為相信自己會成為另外一個西方國家，很多中國人也相信西方理所當然會接受中國。中國在接受和加入現存國際體系的同時也提出了諸如「和平崛起」、「和平發展」和「和諧世界」等政策主張。但是，在很多問題上，很多人總不願意去考慮西方會接受一個甚麼樣的中國的問題。無論是政策界還是媒體，都是有選擇地接受和轉述西方釋放出來的信息。很多方面的信息在中國得到無限的放大，例如對中國「有利」的論述，主要包括那些在中國有巨大利益而對中國說盡好話的論述，以及那些對西方本身持有批評態度的論述。同時，很多相反的論述被縮小。

中國對西方的「誤解」也影響着中國人對真實世界的看法，影響着中國的對外關係。在政策層面，中國往往對國際格局的變化沒有很好的思想準備。一旦發生，不知道如何應付，往往造成「救火式」的反應。在很大程度上說，甚至連對本身崛起對外在的世界的影響及其外在世界對中國崛起的可能反應，中國也缺乏足夠的理性理解。在政策層面，除了一些表達中國的善意的政策口號外，沒有任何理論創新來解釋中國崛起對世界的意義。而無論是政策界還是社會層面，在很多國際問題上，一直停留在表達

「喜、怒、哀、樂」情緒的層面，所缺少的是對真實世界問題的理解和對問題的理性回應。

二、中國國際知識鏈上的低附加值問題

改革開放以來，尤其是近 20 年來，隨着經濟的高速發展和政府財力的增加，中國政府大量投入科研（包括各類大學和研究所）。這種科研投入自然是為了未來的發展。儘管可持續發展包含有很多方面的意義，但科研投入無疑是其中最重要的一個因素。從歷史上看，技術和新知識的突破對社會經濟的發展的影響不是其他因素所能比擬的。

政府的投入已經產生了一系列積極的效應。中國研究者在國內學術刊物上發表的論文數量暴增，他們在國際學術刊物上發表的研究論文的數量也有很快的增加。

中國在一些領域的研究也走在了世界的前列。在任何國家，國家的投入要取得一些方面的突破是有可能的，但

如果要取得知識領域的全面進步並不容易。

但總體上來説，中國在世界知識鏈上仍然處於底端。就是説，中國知識產品的數量極其龐大，但是附加值非常低。前不久，一些專家從中國各高校和科研機構考察後感歎道，中國科研人員的數量如此之多、他們所寫的研究文章如此之多，都是世界上所罕見的，但可惜的是，大多數研究人員都在重複地做低層次的簡單的研究工作。

這個現象非常重要。就像中國的工業產品一樣，中國所生產的知識大多是對人家現有知識的重複和複述，附加值非常之低。如果工業品需要升級，就是説要提升附加值，那麼知識界也是一樣。

如果不能有效提升中國在世界知識鏈上的附加值，那麼中國的科研就很難得到具有實質性意義的進步。這種情形不僅會成為中國各方面發展的阻礙，而且國家本身也很難成為一個名副其實的大國。

研究體制和政策上的阻礙因素

那麼中國的知識附加值為甚麼那麼低？或者説，過去很低，但現在仍然得不到提升呢？到底有哪些因素阻礙着中國在世界知識鏈上追求高附加值呢？又如何革除這些阻

礙因素呢？很顯然，並非存在着單一因素，有很多因素通過不同途徑影響着中國的科研領域。這同時也説明改革是一件綜合的艱苦事情。

有很多因素，但歸納一下，不外是研究體制和政策兩大類。體制類的原因，很多人總會把之歸於政治體制，尤其對社會科學來説。政治因素很重要，但並不是最主要的，也不是不可克服的。很多阻礙來自一些具體的制度和政策，而非總體政治制度。

首先看中國的研究體制。在西方，各國的大學都會分為研究型大學和教學型大學。中國 20 世紀 90 年代在討論如何進行教育改革的時候，也有把大學分為研究型和教學型的設想。但是，後來實行的教改則是和這個設想背道而馳的。

在大學的合併風中，很多教學型的大學被合併和強行提升為研究型大學。大學合併風的原則是讓優秀的大學合併一般型的大學，因為這給被合併者提供動力。但合併以後，對各校的科研體制卻帶來了很大的衝擊。很多原來在一般型大學的人本來就不具備科研素質，但現在被迫寫文章，因為他們必須符合研究型大學的標準。在這種壓力下，儘管論文數量上去了，但毫無品質可言。中國的大多數研究人員和學者是在「寫」文章，而非在作任何有意義

的研究和思考。

而「寫」的過程，則往往容易演變成了「抄襲」的過程。抄外國學者的，也有本國學者互相抄的，有學生抄老師的，還有老師抄學生的，無奇不有。很顯然，寫文章、抄文章是沒有任何附加值的。

學術組織的泛行政化

學術組織的泛行政化是另外一個重要的阻礙因素。中國是用行政來組織學校和科研機構的，這在世界上很少見。

學校和科研組織本來應當是最扁平的，但在中國，它們和政治組織一樣具有等級性，包括校長和研究所所長的所有職位都是有行政級別的。泛行政化帶來了一系列的負面效應。

首先是人們所說的「武大郎開店」的情況。這裏指的是這樣一種情況：因為是行政級別，任用校長和所長的最大的考慮就不會是他們的學術或者專業水準，而是他們的政治和行政經驗。而非常低或者較低的學術和專業水準，又進一步阻礙他們錄用高水準的教員。

這樣就出現了社會上人們所說的一流的學生、二流的教授和三流的校長的情況。

所以，儘管領導高層一而再、再而三地強調人才的引進和使用，但到了具體的單位，對人才則表現出巨大的排斥性。在這種情況下，人才的錄用對各大學來說還是阻礙重重。這是中國的大學和科研機構很難吸收到高層次人才的一個主要原因。

泛行政化也影響人才的專業精神。要追求高的知識附加值，專業精神是一切。道理很簡單，所有的知識附加值來自於專業。

在中國的體制中，一個人所能掌握或者所能分配到的資源與其行政級別緊密相關。為了引進人才，有關部門一定會給引進的人才一個行政職務，這就導致了兩方面的後果。第一，因為有了行政級別，得到這個行政職務的人才就必須要大量捲入行政事務，消耗掉其大部分研究時間，很多甚至根本就沒有時間做學術研究。

第二，因為這個行政級別，這個人才必須具有很高的政治意識，也就是說，其科研必須受政治的影響，這在社會科學領域尤其如此。

院士制度與「尋租」

專業職稱的「尋租」也阻礙着知識附加值的提升。院

士制度就是一個很好的案例。院士制度的本意就是要為知識精英（那些處於知識附加值高端的研究者）提供一個良好的研究環境。但在中國的院士選舉制度的實際運作過程中，在很大程度上說，正式規則已經不發生任何作用，真正主導院士選舉的是潛規則。

在潛規則主宰下，院士的選舉重點不再是知識和可能的學術貢獻，而是金錢和物質利益。每次院士選舉，各高校和研究所都會做各種各樣的資源動員來爭取自己的人被選為院士。

很多年裏，這種動員甚至已經延伸到各省市地方領導，他們也會全力動員各方面的資源為本省爭取院士名額。當然，這樣做並不是為了院士，而是和院士關聯着的經濟利益。

科研經費分配過程中各級政治權力的介入，也使得中國的科研領域成為腐敗的重災區。在任何國家，國家科研經費是國家提升知識附加值和知識創新的一個重要手段。在科研經費的分配方面，再也沒有比專業精神更重要的了，因為只有專業人員才懂得一個知識領域的過去、現在和未來，他們知道應該把經費用在何處。但在中國，科研經費的分配則成了各種既得利益的較量場合。

以政治力來分配科研經費是中國的又一個潛規則。結

果，大量的經費被投到毫無知識附加值的研究領域，而真正能夠從事知識生產和創新的人才得不到所需要的資助。

科研經費分配出了問題，對科研結果評審和驗收更是經常變成不言自明的腐敗遊戲。實際上，科研經費分配的過程已經決定了不可能對科研結果進行評審和驗收了。

從申請經費到使用經費，這裏的中心自始至終都是經濟利益，而非知識。在這個角度上說，國家科研經費制度在知識附加值的提升方面是失敗的。

儘管中國似乎在知識領域發生着一場「全民運動」，即每一位研究者都在做研究，但是中國和世界在知識領域的差異正在拉大，並且拉大得很快。傳統計劃經濟體制下的科研體制曾經創造了一些了不起的科研成就（如兩彈一星），但現在這種傳統體制既不適宜，實際上也被徹底衝垮。新的科研體系，也還沒有建立起來。

儘管有關方面在做各種努力，建立這樣那樣的制度或者規定，但並未完全發揮出積極的作用。在各種潛規則主宰下，科研體制腐敗盛行。科研體制不作徹底的改革，科教興國就會一直只能作為夢想而存在了。

三、思想貧困及其方法論根源

今天中國知識界突出的一個現象，就是知識短缺或者有效知識供給不足，這可以從兩個層面來看。從學術上，知識至少能夠有效解釋中國社會的現實，在解釋的基礎上提升為概念和理論，從而建構中國社會科學；從政策上，知識至少能夠有助於改善各種制度體系的運行和決策的有效性。

為甚麼會產生這種現象？很多人很隨便地指向政治上的原因，認為是因為中國缺少充分的學術自由，政治對學術和思想發展有太多的制約。儘管政治因素的確對學術和思想產生影響，但如果光強調政治原因則太過於簡單。就中國歷史來說，中央權力的解體經常導致文學和藝術等方面的巨大成就，不過，這些時代卻沒有在政治、經濟和社會思想方面有巨大成就。另一方面，在中央集權的時候，也沒有阻止思想家的出現，例如宋朝的朱熹和明朝的王陽明等。

不管怎樣的政治，沒有人能夠阻止得了一個人的思考和思維。知識短缺的背後是思想的貧窮，思想的貧窮背後則是思維方法論的貧窮。這裏先討論前面四個原因，即知

識的道德化、權力化、金錢化和名譽化。

道德拜物教

其一，知識的道德化，或者道德拜物教。道德化是中國知識界最為普遍的現象。這種現象存在了數千年。傳統上，儒家是生產官方知識體系或者意識形態的主體，而儒家知識體系的主體就是道德。無論是立論還是反駁不同意見，大多數學者首先想到的是去搶佔道德制高點。道德制高點有兩種，第一種是集體道德，即為國家、為社會；第二種是個體道德，即個人修養。就第一種而言，不難發現人們往往用愛國主義、「為民請命」、「為生命立命」、「先天下之憂而憂、後天下之樂而樂」等等一大堆概念來為自己辯護，或者反駁人家，把對方置於這些道德立場的對立面，例如「不愛國」、「漢奸」、「自私」等等。就第二個層面來說，很多人會強調個人道德，「自命清高」，對別人的意見不屑一顧。

儘管無論是集體還是個人道德，都是人的知識活動的基點或動力，但卻並不能替代對知識的追求，搶佔道德高地也不能有效回答不同觀點和意見。再者，如果沒有知識，光是道德教條如何能改善社會呢？

其二，知識的權力化，或者權力拜物教。知識和權力之間的關係是雙向的，可以從「知識就是力量」到「權力就是知識」。從權力認同到知識認同，甚至把權力視為是知識，一直是中國文化的通病。當然，這並不是在任何意義上說，掌握了權力的人就沒有知識。傳統上，中國儒家這個羣體既是權力掌握者，也是知識掌握者。但作為學者，這裏必須給權力和知識之間設置哪怕是心理的邊界。

如果權力替代知識主要是政治人物的事情，另一端則是知識分子通過權力來獲得知識的影響力。對學者來說，追求知識不能通過和權力的關係，追求知識的影響力更不能通過權力的關係。可惜的是，這種現象現在非常流行。學者沒有自己衡量知識的標準，而依靠政治人物的認同（「批文」等）。也有一些通過投靠政治人物來獲得影響。政治人物可以表達對知識的喜愛或不喜愛，但這並不能作為衡量知識的標準。用政治人物的意見來論證自己的知識或反駁其他人的知識，並不能對特定知識做出任何判斷。

在知識和權力的關係上，還有一種情形就是學者論證自己或反駁他人時，訴諸政治化的解釋。這種情形類似上述訴諸道德的解釋。例如，當不能接受他人的觀點時，就搬出愛國主義，說人家「不愛國」、「漢奸」、「帶路者」之類。在另一端則是，一旦有學者對現實政治比較肯定，

另一方就會說他是「五毛」之類。這兩類人儘管使用不同語言表達對對方的厭惡，但他們的思路是一模一樣的，只是立場不同而已。這裏只有立場，沒有知識探求。除了互相譏諷和攻擊，沒有理性思考。至於那些人身攻擊的情況，在真正的知識界，這些人是被人不齒的，是「非知識類」。

其三，知識的金錢化或金錢崇拜。和知識的權力化一樣，這裏也有兩種情況，一是金錢走向知識，二是知識走向金錢。就前者而言，企業家捐款蓋各種大樓、研究機構，甚至大學等，不僅無可非議，也是需要鼓勵的。再者，很多企業家具有非凡的思想和豐富的實踐經驗，能夠生產出知識界本身不能生產的知識。不過，在中國，往往是企業家利用大學等知識平台來宣揚沒人聽得懂的「概念」和「理論」，甚至宣揚各種迷信（中國很多企業家都是迷信的），毫無學術價值。

如果金錢走向知識的主要責任不在知識界，那知識走向金錢則是知識界的責任。這裏是真正的金錢拜物教。為了金錢等物質利益，一些學者成為商業投機的一部分，他們用所得到的金錢數量，來衡量知識的價值。是否是知識變得不重要，重要的是知識所能轉化過來的金錢。在這個過程中，知識分子就把自己出賣給了金錢。

其四，知識的「名譽化」或名譽拜物教。這表現在個人和機構兩個層面。在個人層面，中國學者對西方所設立的各種獎項的崇拜，到了匪夷所思的程度。對很多學者來說，獲得一個獎意味着所有的一切。因此，大家都要拼命去搶。在搶不到的地方，一些人就會抱怨西方不公，自己也去搞，結果都是一些不倫不類的獎項。名譽崇拜也表現在普遍流行的「頭銜文化」。一些學者並不滿足於只有一個「教授」頭銜，似乎有了很多頭銜就能表明其價值。

畫地為牢自我禁錮

類似的還有期刊拜物教。西方的學術刊物制度已經很完善，主要是匿名評審制度所帶來的學術標準。不過，西方期刊制度本來是為了管理圖書之便建立起來的，並不是用來評價學術和知識的高低。但中國學界拿過來把它當成學術評價體系。當然，這種現象在東亞社會都很流行。這可能也是無奈之舉，因為中國學界本來就沒有甚麼自己的標準，到現在也確立不起來，只好拿人家現存的東西作為標準。結果怎樣呢？畫地為牢。西方的學術和學術刊物是多元的、開放的，西方學者不會為期刊和期刊制度所禁錮，但中國學者則把自己緊緊禁錮住了。

今天，中國學者也拼命到西方期刊發表文章，從數量上說成果顯赫，但有多少新思想呢？很多學者掌握了西方學術的技術，並在技術層面超越了西方學者，但思想是蒼白的。到現在為止，至少在社會科學，還是拿不出一個中國學者創造的概念來，更不用說是理論了。即使西方所謂的頂級學術刊物，有多少獲得諾貝爾獎的學者在那裏發表過文章呢？或者說這些雜誌在人們追求學術或思想的過程中，扮演了甚麼重要的作用了嗎？在很多中國學者那裏，似乎能在這些雜誌上發表文章就有學問，就有思想了。要知道，一些諾貝爾獎的研究成果首先是出現在講座、簡報等中國人根本看不起的平台上的。

在這方面，機構和個人也差不多，甚至更為糟糕。西方有學校排名體系，中國自己也搞。各個大學之間的競爭，猶如各個省份之間的 GDP 增長率的競爭。無論是評價體系還是各方面的競爭，應當存在，但問題在於錯誤的引導。知識的生產及其影響，並不是排名排出來的，也不是學者之間競爭出來的。知識的生產有其特殊性，需要一個特殊的思考環境。中國的教育機構顯然並沒有從提供環境入手，來輔助知識分子的知識生產，所設置的各種制度反而成了知識生產的嚴重阻力。

名譽崇拜背後有很多根源，但主要包括「硬」的利益

和「軟」的自信赤字。「硬」的利益不難理解。每一項名譽背後就是龐大的來自政府、企業和社會的政治、經濟和社會利益。「軟」的自信赤字就是學界和機構對自己沒有信心，只能求助於外在標準來衡量自己。對學者來說，獲獎只是副產品。獲獎當然是好事，因為它表明同行乃至社會的承認和認可。不過獲獎並不是知識本身的使命。學者不是為了獲獎而去生產知識，而是等知識生產出來後，遇到「好運」被人家看上了。歷史上有多少好的思想，在當時並沒有被他人所認識、所承認，但對人類產生了巨大影響。

同樣，期刊制度也很重要，因為它至少提供了一個最低標準，保證最低限度的學術水準，但是學者不能為了要在特定期刊發表文章而寫文章。只有等知識被生產出來之後，期刊才變得重要。一篇文章即使不被任何期刊所接受，也不見得就沒有思想。再者，期刊制度更不能成為行政官員管理教授的手段；一旦這樣，為了文章而文章，知識追求的目標便消失得無影無蹤了，這便是中國學界的現狀。

中國缺少有效知識的供給，除了上面所討論的四個原因之外，即知識的道德化、權力化、金錢化和名譽化，至少還有如下五個原因或者廉價的方法論。

事物的意識形態化和政治化

其一，世俗主義的宗教化，或者「主義」拜物教。宗教與世俗知識是不同的東西。儘管世俗知識並不能否認宗教，但宗教不能等同於世俗知識。宗教是信仰，人的信仰本身也是可以成為世俗知識研究的一部分。但與宗教的不可驗證性不同，所有世俗知識是可以驗證的。所以，在西方世俗知識（包括對宗教的研究）和宗教信仰並行不悖。在中國，通常的情況是世俗知識和宗教不分，結果導致了世俗主義的宗教化，也就是人們包括知識界的很多人把主義當成信仰，結果阻礙了知識的生產和發展。

世俗的主義，包括自由主義、民主、民族主義、社會主義、共產主義、馬克思主義、毛澤東思想等等不計其數，都是人們（主要是學術界）對人類不同發展階段的時代特徵的概括（概念化）或者解決這個時代所面臨的各種問題的方法。一種世俗的主義往往包括兩個方面，一是對問題的分析和診斷，二是解決問題的方式。解決問題的方式又可以是實證的、經驗的和技術層面的，也可以是宣導型的。但是，一旦這些世俗主義被宗教化，就不再是生產知識的工具或者知識所分析的對象，恰恰相反，它們就變成了知識生產的思想阻力。例如，馬克思主義本身就是社

會科學的一個大方法，到現在為止仍然具有很強的生命力。在分析和解決很多社會問題上，較之其他思想，馬克思主義方法更為有效。不過，一旦宗教化，馬克思主義就失去了其生命力。再者，馬克思主義是在和其他主義的交流、爭論和鬥爭中產生和發展起來的，一旦宗教化，馬克思主義便成為只是批評其他主義的工具，不再具有分析能力，毛澤東思想也是這樣。毛澤東思想的基礎是毛澤東對中國實際問題的思考，其解釋中國社會和解決中國社會所面臨問題的能力就在於它起源於中國社會這個簡單的事實。但即使對毛澤東思想，人們也宗教化了。一旦宗教化，不僅限制了馬克思主義和毛澤東思想等本身的發展，更是阻礙了其他思想的產生和發展。更有意思的是，一旦宗教化，人們便具有了強大的動機來為一種世俗主義「殉道」。人們不時看到，一些學者為了一個其所信仰的「理念」而「殉道」。但是，除了可敬的「道德勇氣」之外，從知識發展來說，「殉道」又能帶來甚麼呢？

其二，社會事物的意識形態化和政治化。社會事物就是人們可以觀察到的正式的制度、組織、機構等和非正式的風俗習慣等。這些社會事物都有其產生的原因和發展邏輯。從知識角度來說，它們都是可以加以分析的。可惜的是，在很多時候，學者們經常把社會事物意識形態化和

政治化。一旦這樣，既為知識探究設置障礙，也很難尋找解決社會事物所面臨的問題。這裏可以舉國有企業為例。國有企業是典型的社會體制，其產生和發展有其自身的邏輯。國有企業的表現無論好壞，都是可以加以分析的，其所出現的問題也是可以找得到解決的方式的。不過，人們往往把國有企業意識形態化和政治化，例如把國有企業和執政黨和國家的命運綁架在一起，一旦如此，便超越了知識分析的範疇，對國企的分析僅僅是一種價值判斷了。對民主政治也是如此：在西方，民主在其產生和發展的很長一段歷史時期裏，是作為制度安排和技術手段來解決現實政治問題的。即使今天的西方已經把民主視為一種意識形態和價值觀，但在很多方面，民主仍然主要體現為一種制度技術手段。不過，在中國，從一開始，民主就是作為一種意識形態和政治價值來追求的。這就是前面所討論的把一種世俗的主義宗教化了。

其三，知識的神秘化，或者巫術崇拜。知識本來就是為了解釋神秘，去神秘化，但現在神秘的東西替代了知識。就如宗教，巫術可能是一個客觀的存在，知識和巫術也是可以平行存在的。但當巫術替代知識或者用巫術方法來追求知識的時候，所產生的往往是那些不能加以證明、似是而非的東西，而非知識。

知識領域的「巫術化」的表現五花八門，但也具有一個共同特點，那就是在找不到科學答案的時候，或者沒有能力來解釋某一現象的時候，總會去找尋一個神秘的似是而非的「替代」答案。這裏僅舉「陰謀論」為例。在經濟領域，當貨幣市場不穩定的時候或者當股票市場經歷劇烈波動的時候，一些人總能找到「敵人」的陰謀來解釋之。在國際關係領域更是如此，往往把問題的根源歸於「外部敵人」的陰謀，如美國、日本、支持恐怖主義的外國政府等等。在知識領域，「去巫化」就是要破解被認為是神秘的「陰謀」，把陰謀放在陽光下。但當今的知識界則扮演了一個相反的角色，一些人把明明是可以解釋、也可以解決的現象和問題「陰謀化」或者「巫術化」。這些年來，形形色色的「陰謀論」可以說滿天飛，不僅廣受普通百姓歡迎，政治階層的一些人居然也深信不疑。這裏當然不是說，這個世界沒有「陰謀」了，而是說，所有這些被中國的知識界視為「陰謀」的東西實際上都是「陽謀」。例如，在全球化狀態下，在考慮貨幣或者股票市場的時候，外在的要素當然是要考慮在內的。國際關係更是各國較量的地方，不管甚麼樣的外在力量，如果有可能，總是要影響到中國的。如果不能考慮到外部因素，那只能說明自己的無知和無能。以「陰謀論」來掩飾自己的無能和內心的恐懼，不

捫心自問，這就使得知識「巫術化」了。今天，無論是內政還是外交，局勢變得越來越複雜，這就需要人們科學理性地去看待所有這一切。知識界不能「去巫化」，對中國的長遠影響是可想而知的。

知識的娛樂化和虛假化

應當意識到，類似的社會文化現象也並不是中國所特有的。西方社會在發展過程中也經歷了類似的情形。西方在中世紀也經歷了漫長的黑暗和愚昧的時代，經過了後來的文藝復興和啟蒙運動才改變了文化愚昧的情況。同樣，在經歷商業革命之後，西方再次面臨文化重造的挑戰。中國文化如果要有出路，就必須對之進行重造和重構。的確，正如一些人一直在呼籲的，中國需要一次新的啟蒙運動。不過，在從事啟蒙運動之前，人們可能不得不對近代以來的啟蒙運動進行深刻的反思。如果不改變從前啟蒙的政治性，那麼情況或許會變得更加糟糕。如果不能引入科學和理性精神，任何復興傳統道德體系的努力會走向反面，國學運動帶動了「巫術」文化的復興就是一個很好的例子。

其四，知識的娛樂化。知識的娛樂化不是指學者們

快樂的寫作風格，也不是指追求知識本身所產生的無限快樂感，而是指人們把知識作為一個客體或者娛樂的工具，並且往往表現在犬儒主義。在中國更是表現為兩個非常的極端，在一端是一些學者對人、事物、理論概念的極其激情地歌功頌德，在另一端是另一些學者對同樣的東西的最惡毒的怒罵詛咒。娛樂化很像美學裏面的「移情」，把自己的喜愛或者厭惡投射到一個外在的東西。實際上，這樣做，與其說是在追求知識，倒不如說在糟蹋知識。在今天的中國社會，因為社交媒體的出現，知識的娛樂化趨向越來越嚴重。在社會媒體時代，很多學者已經變成了「自媒體」的經營商，使用一切手段在把知識娛樂化之後銷售出去。這是一個對知識毫無敬畏的時代，也是隨意褻瀆的時代。

其五，知識的虛假化。虛假化表現為多方面，例如知識是抄襲而來，而非自己生產出來的；又如，知識是假的，既不反映現實，不能解釋現實，更不能解決社會所面臨的問題。實際上，上面所說的所有現象都可以導致假知識的產生。例如，在使用方法論方面，很多學者往往成為西方工具的奴隸。他們在研究過程中，並沒有找到中國的命題，而是簡單接受了西方命題，只是用中國的材料來論證（或者反證）西方命題。因為被西方工具所捕獲，一些

學者往往為了使用一種特定的西方工具而去尋找中國材料。這樣產生出來的知識表面上因為方法論而很精緻,但實際上是假性的。其次,上述各種知識生產機制所產生的巨大壓力也很重要。因為壓力(解讀為在特定的時間內生產出一定的知識來),一些學者就去抄襲人家的知識,或者包裝人家的知識。再次,如前所說,追求利益和榮譽也是一個重要因素。

不管是甚麼原因,簡單地說,一句話,知識界的「奴隸化」和「異化」導致了知識的「奴隸化」和「異化」。一些學者,儘管承擔着生產知識的責任,但從來就沒有確立過對知識本身的認同,從來不是為了知識而知識,知識對他們來說從來就是達到其他目標的一種工具。所以,也很簡單,只有當知識生產者們開始把知識視為具有無上價值的時候,也就是知識的目標只是知識本身,而非其他任何目標的時候,他們才開始去尋求和探索知識。沒有這種知識認同,他們會處於知識短缺和思想貧窮的永恆狀態。

知識就是權力

第二章

一、知識分子與權力

很長一段時間以來，我一直在思考「知識分子的權力從何而來」這個問題。權力在英文裏是 power。「power」這個詞中文也可以翻譯成為力量。無論是力量還是權力，從社會學的角度來說，都是一種能夠影響人類行為的能力。說知識分子的權力就是說知識分子作為個人或者羣體對其他個人或者羣體的影響力。

知識就是權力：
知識分子可通過創造知識獲得權力

知識分子的權力從哪裏來？這個問題表面上清楚，但實際上很不清楚。我之所以提出這個問題，因為從歷史和現實看，在知識和權力之間，一直存在着兩種現象。第一種現象是知識和權力的一體化。中國社會很少討論知識的

權力，往往把權力這個概念給予其他領域，尤其是政治領域，即一般所説的政治權力。沒有人會懷疑政治權力的存在，但也很少有人會相信知識本身的權力。在中國，對知識來説，如果要獲得權力，就只好選擇和擁有政治權力的個人或者羣體聯繫在一起。也就是説，知識只有通過和政治權力的關聯才得到權力，而知識本身不能體現為權力。第二種現象是知識和權力之間的緊張關係。這種現象往往發生在那些掌握知識但沒有權力的人那裏，這些掌握知識的人認為自己應當有權力，不滿於沒有權力的狀況，和掌權者競爭權力，於是出現緊張狀態。也就是説，反權力的人也是為了追求權力。

這兩種現象在中國的知識環境中都具有重大的意義。知識和權力之間的這兩種關係在很大程度上決定了中國知識體系的性質。我在另外一個場合討論了我經常關心的另外一個問題，即中國有無可能發展出一個獨立於權力之外的知識體系？今天，我想從知識與權力的關係的角度來探討知識權力的來源。從哲學的角度看，追求權力可能是人的本性，不可避免。但如果明確了知識本身所具有的權力，那麼知識的生產者或者知識分子就會產生另外一種態度，跳出要不依附權力，要不反對權力的兩難困境，從而在為追求新知識創造前提的條件的同時賦權於自己。也就

是說，除了依附權力和反權力，知識分子還有第三條道路可以走，那就是追求知識本身。通過追求知識，知識分子可以賦權自己，就是說把自己變得更具有力量，去影響其他社會羣體，包括掌握權力的羣體，即一般所說的統治者或者統治階級。當然，這並不是說，每一位具有創造知識的人都要使用權力。知識是一種能力，但並不是每一個知識創造者都會自己使用這種能力。這種能力可以使用，也可以不使用；有條件使用，也可以是沒有條件使用；可以自己使用，也可以被他人所使用。

簡單地說，知識分子和權力之間至少可以有三種關係：1）知識分子通過依附權力者而得到權力；2）知識分子可以通過反對權力來追求權力；3）知識分子可通過創造知識來得到權力。

但是，如果再深入一步，我們就可以看到，知識與權力之間的關係並不是那麼簡單。我們可以把「知識就是權力」（knowledge is power）理解成一個等式。這個等式如何解讀？很顯然，知識既可以是自變量，也可以是因變量，就是說既可以用知識來解釋權力，也可以用權力來解釋知識。因此，第一種解釋就是「知識等於權力」，就是說知識產生權力。如果你擁有了知識，你也就擁有了權力。或者說，擁有知識的一方能夠影響沒有擁有知識的

一方。上面所説的知識分子和權力之間的三種關係都是説知識分子因為有了知識而擁有權力，就是用知識來解釋權力。但是，在現實生活中，剛好相反的等式也存在着，即權力等於知識，權力產生知識。也就是説擁有權力的一方也擁有了知識，能夠影響沒有擁有權力因此也沒有知識的一方。例如人們總是在説，「歷史是人寫的」「歷史是勝利者的歷史」等等。那些擁有權力的人有能力來影響那些沒有權力的人，前者要求後者接受他們的觀點，也就是「知識」。如果存在着「權力即知識」這個等式，那麼人們就可以提出第三個問題，即我們可以反過來質疑「知識就是權力」中的「知識」是否是真的知識。如果是這樣，那麼我們可以認為知識有可能不是真的知識，而是偽裝起來的權力。

知識可以產生權力，而權力又可以偽裝成知識的形式出現，這使得知識和權力之間的關係更為複雜，形成了類似於「雞與蛋」之間的關係，就是誰先誰後的問題。要回答這個問題並不是沒有可能，但需要人們的理性辨別能力。我們可以做的事情就是要不斷挑戰現存的知識或者知識體系，用各種不同的方式來檢驗它們，去偽存真，從而形成新的知識或者知識體系。在這個過程中，知識分子既完成了作為知識生產者的責任，也為自己創造了力量或者權力

的基礎。實際上，這就是「知識就是權力」的原初意義。

西方知識分子的權力來自解釋現實的能力

　　這種觀點我們可以上溯到英國哲學家弗蘭西斯・培根。在學術界，一般認為是培根首先提出了「知識就是權力（力量）」這個命題的。這裏首先需要解釋一下。儘管歷史上很多關於培根的著作和論文都認為培根提到了「知識就是力量」這個命題，但培根究竟是在哪部著作中提出這個命題的，卻不得而知。一些人甚至懷疑培根到底有沒有提出過這個命題。現在有不同的解釋。一種解釋是在培根的主要著作包括《學術的進展》、《新工具》、《新大西島》等確實沒有這個命題，但在他的《沉思錄》（*Meditationes Sacrae*）的片段中卻留下了這句話。因為這個《沉思錄》沒有公開發表，所以人們不知道是在哪裏培根說了這樣的話。還有一種解釋就是來自霍布斯（Thomas Hobbes）的著作。霍布斯在其著作中說過「知識就是權力」的話。霍布斯曾經是培根的秘書，並且培根是其哲學導師。這裏可以做這樣的解讀，霍布斯受培根的影響提出了這一命題，或者霍布斯直接記述了培根的命題。

　　在這裏，我們對誰正式提出了這一命題並不是很感興

趣，因為這不是問題的關鍵。我們感興趣的是兩點。第一點就是培根回答了知識是如何產生的問題。在其眾多的著述中，培根討論了很多我們今天仍然想回答的問題，包括甚麼是知識？知識的本質是甚麼？如何獲得知識？甚麼樣的知識才是真的？知識的局限性如何？等等。第二點就是我們從培根身上可以觀察到知識為甚麼可以產生權力。我們在下面的討論中會看到，培根有關「知識就是權力」的論述既是對一個時代的總結，也是說明了知識如何可能產生權力。

培根（1561－1626 年）是英國 16、17 世紀之際的哲學家。他生活的那個時代是怎麼樣的呢？簡單地說，這是一個新的知識體系得到確立的時期。當時，歐洲通過文藝復興運動，擺脫了中世紀宗教神權主導的「愚昧知識」時代的陰影，確立了理性主義的知識體系。在社會層面，人們開始享受這場理性主義運動所帶來的社會生產力和科學技術的進步。培根出身於一個在宗教改革運動中發展起來的新貴族家庭，他對新的知識體系是如何產生又如何產生影響力具有深刻的了解。他提出「知識就是權力」的命題並不難理解。

在中世紀的歐洲，宗教神學掌控了人類的精神領域，壟斷了知識領域，宗教教義成為解釋和衡量一切的標準。

文藝復興最重要的目標就是要把人類從宗教神學解放出來，把人類的目光從「形而上」的宗教神學轉向「形而下」的人類理性。文藝復興的物質動力在於當時的社會經濟面的實際變化，主要是商業活動帶來了人類的理性精神。很顯然，現實商業生活中所發生的並不是宗教神學所能解釋的。商業實踐的發展促使人們對宗教神學的懷疑，觸發了人們對世俗理性知識的追求。理性主義是一個和傳統宗教神學全然不同的新的知識體系，或者知識範式。

在歐洲，現代科學（理性主義）知識體系起源於對宗教神學的質疑。歐洲的大學最早就起源於教會，源於人們對宗教經典的不同解讀。路德改革在這個過程中是個轉捩點。當每一個個人可以用自己的方法直接和「上帝」對話的時候，處於「上帝」和社會群體之間的媒介（即教會）變得不再重要，而加於社會個體之上的宗教知識便失去了其「強制力」。當人們開始懷疑宗教神學，開始用人類理性來解釋現實社會經濟的變化的時候，舊的基於宗教神學基礎之上的知識體系就開始解體，而新的基於人類理性至上的知識體系就開始了。社會經濟的變化促成了知識體系的變化，而基於世俗理性之上的知識進而為社會實踐提供了知識上的支持。

在這個背景之內，培根所探討的就是這個新的知識體

系的起源問題。培根被視為是經驗主義哲學的奠基人。對培根來說，知識不是來自「形而上」的神或者上帝，而是來自於人類的經驗。神作為一種信仰的存在不應當妨礙人們對現實世界作非神學的解釋。在此基礎上，培根提出了經驗論的一系列原則，制定了系統的歸納邏輯，並強調實驗對認識的作用。馬克思、恩格斯因此稱培根是「英國唯物主義的第一個創始人」，是「整個實驗科學的真正始祖」。

培根認為，世界是不以人的主觀意志為轉移的客觀存在，人的知識（認識）只有通過感性經驗從客觀外界獲得。他說：「人是自然界的僕役和解釋者，因此他所能做的和所能了解的，就是他在事實上和思想上，對於自然過程所見到的那麼多。」為甚麼人的認識必須從經驗開始呢？在培根看來，客觀外界的事物只有通過人的感官，才能被人們所感知。

理性在人類獲得知識過程中扮演關鍵作用。培根說，蜜蜂採蜜，原料來自花圃、田間的花叢，蜜蜂採集到花粉後，必須經過自己的加工製作，才能釀出香甜可口的蜂蜜。人的認識也一樣，原料只能通過感官從外界獲得，但這還不等於已經獲得真正的知識，人還必須通過自己的大腦，把這些從外界獲得的材料，「加以改變和消化而保存在理智中」，這樣才能形成真正的知識。

更為重要的是，培根在論及經驗和理性在形成人的認識或者知識的重要性時也意識到了它們的局限性。培根並沒有把感性經驗和理性絕對化。他強調感官是人認識外界的一個必經的通道，而並沒有說通過感官獲得的知識都是正確的，更沒有說這種認識就是認識的全部。相反，他認為感官本身有局限性，比如感官對於那些並不是很顯露的，或過於微小，或空間距離過遠的物體，未必能認識得很清楚，所以他說：「斷定感官為衡量萬物的尺度，是很大的錯誤。」正因為人類的經驗和理性方面的局限性，知識便是開放的，就是說現存知識必須得到不斷變化的現實的檢驗。現實變化了，知識也必須隨之變化。

這裏我們當然並不是要對培根的經驗論作一系統的論述，但上面簡單的論述至少說明了培根所理解的知識體系所具有的三個特點。第一，新的知識和知識體系來自人類的經驗和實踐。第二，基於人類經驗和理性基礎之上的知識體系有能力解釋我們生存的現實世界。第三，人類的經驗和理性具有局限性，因此任何知識體系是開放的，向社會實踐開放，向未來開放。後一點非常重要。用今天的話來說，就是，知識從來不會有「歷史的終結」。

培根對人類認識或者知識體系的論述儘管並不像後來的西方哲學家那樣具有系統性，但他已經涉及了西方知

識體系的一些最主要特徵。近代以來，西方哲學家都深受培根的影響。馬克思為哲學家規定的兩件任務也深受培根的影響。馬克思認為，哲學家的任務是解釋世界和改造世界，而解釋世界是改造世界的前提。對世界解釋得越清楚，越能改造這個世界。回到「知識就是權力」的命題，我們可以對馬克思的論述作這樣的解讀，即哲學家改造世界的權力（或者能力）來自於其解釋世界的能力或者解釋世界的知識。

解釋世界成為西方知識體系的核心。我們這裏也不能對西方的知識體系作一系統的描述。根據我自己的理解，西方知識體系由這樣幾個各自獨立但又相互關聯的部分組成。其一是「形而上」的哲學，包括宗教和人生哲學等。理性主義產生之後，宗教神學並沒有消失，而是得到轉型。首先，宗教神學不再具有壟斷統治地位，不再凌駕於其他知識之上，而是作為其中一種知識形式而存在。作為「形而上」的知識，有其存在的理由，主要是為不同社會人羣提供世俗社會無法提供的精神生活。理性主義的一個特點就是認識到理性本身的局限性。理性主義既無意解釋一切，也無意提供人類社會生活的所有需要。相反，理性主義意識到精神生活超越人類理性，並且是人類生活的內在一部分。就是說，理性主義也論證了宗教神學存在的合

理性。在理性主義者那裏，科學知識和宗教信仰並不是矛盾的。一個人可以同時信仰科學和宗教。其次，宗教神學本身具有了開放性。在中世紀，宗教神學是最教條的。它不容許人們對神學作不同的解釋。人們可能因為對神學教條作不同的解釋而受到嚴厲的懲罰。但隨着理性主義的發展，宗教神學逐漸具有開放性，也就是説隨着社會現實的變化而對宗教神學本身作出不同的解釋。這種開放性當然在不同的宗教具有不同的情形。基督教最為開放，這導致了基督教區域的世俗化浪潮。而伊斯蘭教則不然，儘管在一些地區例如東南亞，伊斯蘭教也顯現出溫和的一面，但世俗化並沒有發生。

當「形而上」的宗教神學成為其中一種知識的時候，「形而下」哲學得到了長足發展的空間，包括社會、政治、經濟等等社會哲學。各種社會科學面對的是現實，解釋的是現實。「形而下」哲學創造出了一個龐大的解釋世界的知識體系。近代以來，「形而下」的哲學和社會科學所帶來的知識體系不是傳統的宗教神學可以比擬的。

無論是基於「形而上」還是「形而下」的知識，西方的知識體系的發展的背後還有兩個不可或缺的傳統，即工具哲學和批判哲學傳統。知識體系是開放的，因此就有了批判的空間。批判就是挑戰現存的知識體系，把新的因素引

入這個體系，培育出導向新的知識體系的種子。但是，如何作理性的批判呢？工具哲學就成為關鍵。工具，認識事物或者知識創造的工具是西方哲學的內在部分。我們可以在托馬斯‧庫恩的《科學革命的結構》一書中看到一個科學知識範式是如何被另一個新的科學知識範式所取代的。在這個過程中，人們利用新產生的工具不僅對現存知識體系進行批判，而且更重要的是要在此基礎上創造新的知識。庫恩儘管討論的是科學知識，但社會科學知識體系也是這樣一個過程。「形而上」、「形而下」、「批判哲學」和工具哲學，這是知識體系的不同領域，它們之間互相關聯，又互相矛盾。知識體系之間的這種內在緊張關係推動着知識體系的產生、發展和轉型，這是西方知識體系發展的一般過程。

知識來自於解釋世界，解釋世界可以改造世界。這就是「知識就是權力（力量）」的原本意義。在這裏，知識就是一種工具。作為一種工具，知識一旦產生，任何一個社會角色都可以使用這種工具。這就如同宗教神學一樣。宗教神學最初的產生符合當時社會現實，也是對社會的一種解釋，並且為當時的人們所接受。但是，一旦當宗教神學被掌握這個知識體系的社會羣體所掌握，它就轉化成為權力，施加於其他社會羣體之上。這裏就出現權力壟斷知識

的情況。

　　同樣，產生於理性主義的知識體系也可以被當作工具所使用，並且成為一種權力施加於其他社會羣體之上。在世俗領域，例如政治、經濟和社會領域，一種知識體系很容易演變成為一種意識形態，被某一個社會羣體（往往是掌握政治權力的人）所使用，施加於另一些社會羣體（往往是被統治者）之上。這就是馬克思所討論的意識形態的作用。如果説宗教神學是教權（宗教力量）施於社會的意識形態，那麼意識形態也可以説是世俗政權施於社會的宗教神學。意大利新馬克思主義理論家葛蘭西論討論意識形態話語權的作用，一旦當一種話語施加於社會並且被社會接受的時候，這種話語就會產生無窮的力量。當代法國社會學家福柯更進一步向人們展示一個社會羣體如何使用話語權來統治其他社會羣體。在福柯那裏，每一種話語背後實際上就是權力。話語就是權力，權力就是話語。

　　「話語就是權力」，指出這一現象非常重要。儘管這是不可避免的社會現實，但這種現實的存在至少提醒人們要對知識和權力之間的關係有清醒的認識。在一些領域，權力往往以知識的形式展露出來。這種情況的存在，對知識分子來説，至少有三點意義。第一，這要求人們不要害怕權力，權力不見得就是真理（即接近實事的知識），掌

握權力不見得是掌握了真理。第二，權力是可以被挑戰的。在二十世紀六七十年代，歐洲存在主義提倡把現存權力結構「虛無化」。這並不是說人們可以漠視權力結構的存在，而是說要改變權力結構，要敢於挑戰權力結構。第三，權力結構是可以被改變的。改變權力結構的其中一種有效方法就是改變論證這個權力結構合法合理性的知識體系。知識可以被權力用來把自己合法化，那麼改變知識也就可以改變權力的合法性基礎，從而把變化的因子引入權力結構。很顯然，在改變權力結構過程中，知識的生產者（或者知識分子）必須扮演一個關鍵角色。如果普通社會成員傾向於接受統治階級的話語，那麼知識分子必須對此保持理性精神，對現存權力結構保持批判的態度。不過，我們不能把知識分子的批判精神僅僅理解成為一種破壞力量。任何權力結構，無論是政治權力，或者知識權力，一旦形成，就會傾向於發展成為一種既得利益，開始具有保守性和封閉性。一旦這樣，這個結構就會開始自我萎縮。批判變得重要起來，因為批判促使這個結構不斷進行自我調整，處於一種開放狀態，向未來開放。

自近代以來，伴隨着西方社會自貴族專制到資產階級民主到大眾民主等社會結構的轉型就是知識體系的轉型。就是說，不同的社會形態產生不同的知識體系。這兩個轉

型是互相關聯的，在很多場合是互為因果的。權力和知識之間既互相配合，又互相矛盾，從而構成一種動態的平衡。不過，也有一些歷史的節點，在這些節點上，兩者失去均衡，於是就會產生激進的變革和革命，促成從一個結構轉型成為另一個結構。

現在我們可以回到開頭提出的問題，知識分子的權力從何而來？我們可以來總結一下西方背景下的知識和權力之間的關係了。主要有三種。第一，知識分子權力最主要也是最重要的來源就是解釋現實的能力，也就是創造新的知識體系的能力。這個群體可以被稱為知識創造者或者生產者。第二，知識分子的權力也可來自對知識的使用。知識使用的對象可以有不同，可以為了自我，或者其他社會成員，例如掌握政治權力者和經濟權力者。知識使用的目標也可以有不同，例如可以為了維持或者改革現存的體系，也可以是為了追求利益。第三，知識分子也可以通過反體制（無論是現存權力體制還是知識體系）而獲得權力，這是批判傳統領域的知識分子。這裏面又經常可以看到兩個不同的次群體。第一個群體可以說是「規範派」，用今天的話來説，就是「公共知識分子」。他們往往是職業的批判者，從「應當怎麼樣」的角度也即自己心目中的理想世界來批判現實世界。他們很少質疑自己心目中的理想世

界是否合理、是否在現實生活中具有可行性、是否能為社會增加利益等問題。這部分人往往從社會公眾尋找權力，即通過勸說公眾相信並接受他們的理念。為了達到這個目的，這羣人往往採用的方式就是首先搶佔道德制高點，把自己點綴成為道德的化身；同時也竭力從道德角度來批判現實或者他們的反對者。另外一個羣體可以被稱為「實證派」。這個次羣體與上面所說的第一類知識分子即知識創造者重合。他們不是對道德不感興趣，而是在追求知識的過程中努力做到「去道德化」，因為他們關心的是事物本身到底是怎樣的、未來的發展邏輯怎樣、如何為社會增加利益等等問題。

中國傳統知識體系，知識分子與權力

那麼，中國的知識分子能夠從西方知識分子的追求，以及他們所發展起來的知識體系，學到一些甚麼經驗？討論這個問題，就是要檢討中國文化背景下的知識和權力之間的關係。這裏先來討論傳統上中國的知識分子和權力之間的關係。

應當指出，中國歷史上從來沒有發展出類似西方的宗教文化。中國早就發展出一種世俗文化。孔子提倡「敬鬼

神而遠之」，就是說，中國文化並不是否定超然或者「形而上」世界的存在，但並不對這個「形而上」世界進行討論和研究。佛教相信「來世」，相信超然世界，但在進入中國、經過儒家修正之後，也不像西方神學那樣去探討那個外在世界。總之，中國歷史上從來沒有形成過一種類似西方的「形而上」的哲學體系。沒有形成「形而上」哲學，並不是中國文化的缺陷。中國並沒有像西方那樣的長期和大規模的宗教迫害運動，和文化的世俗性有關。不過，另一方面，缺少「形而上」體系這個現實，對中國的知識體系的形成產生了很大的影響。簡單地說，中國知識分子至少缺失獨立的學術精神。在「形而上」領域，人們面對一個抽象的東西（例如上帝），可以與之對話，在超然世界面前，人人平等，因為每一個人都可以和這個超然世界對話，每一個人的意見都具有其合理性。

從知識和權力的關係來看，在傳統中國社會，知識分子羣體可以分為體制外和體制內，即和王權有關的體制內知識分子，和在王權之外的體制外知識分子。體制內知識分子主要是儒家和佛家，體制外知識分子主要是道家和「江湖派」。

道家沒有能夠創造中國的知識體系。道家強調獨立，具備追求獨立的知識體系的思想條件，但為甚麼沒有創造

出知識體系？主要是兩個因素，一是道家退出政治社會，不關心人類社會；二是在研究方法上，道家主客體不分。同樣，道家因為強調個人的修養，也不追求社會權力，與社會權力無關。總體上說，道家可以說是一種人生哲學。當然，作為一個關於個人修煉的哲學，也具有相當的影響力，為很多人所信仰。這也是一種權力，但這裏的權力概念，和我們所討論的已經有了區別，因此，我們這裏不討論道家。

在中國的傳統中，儒家和權力的關係最為密切。總體上說，儒家學說有兩個主要特點。一是為王權服務的，並且依附於王權的；二是儒家是提倡「應當怎麼樣」的「規範派」。這兩個方面互為關聯，也就是說，儒家主要是用道德來感化掌握政治權力的人。儒家也因此被稱為是道德哲學。

不過，為王權服務和依附王權，實際上是可以加以區分的兩種態度。在春秋戰國時代，也就是以孔子為代表的儒家學派形成時期，儒家就是為王權服務的。「學而優則仕」就是儒家的普遍心態。孔子周遊列國，就是勸說各國君主接受其政治理念。但是，那個時候儒家是獨立的，並沒有依附於王權。人們不難看出，儒家當時具有非常進取的精神。

但是，一旦儒家變成為官方意識形態之後，儒家和王權的關係發生了很大的變化，不僅為王權服務，而且依附王權，不再具有獨立精神。在為王權服務這個總體構架下，儒家對不同社會羣體的關係是不一樣的。

　　第一，對王權，儒家完全依附。儒家成為掌握話語權的人，也就是今天掌握意識形態的羣體。在這個羣體中，愚忠是普遍現象。儒家為了取悅王權而不惜說假話。當然，儒家也有真正忠誠的分子，他們能夠嚴格堅持儒家「應當怎麼樣」的「規範派」信念，甚至不惜生命向掌權者說他們所理解的真話。但即使是這一羣體，他們對解釋世界到底是怎樣的並不感興趣，他們所感興趣的是世界應當是怎樣的。正因為如此，這些「說真話」的儒家和統治者之間存在有一定的緊張。當現實世界不符合儒家的社會理念的時候，儒家就會勇敢地向王權說真話，導致王權的不快。有時候，這當然有不好的結局，因為說真話而被殺頭的案例也是有的。

　　第二，對自己這個羣體，儒家的自私性往往表露無遺。儒家首要的任務就是參與統治，讓自己成為統治過程的一部分。歷史上，儒家是最為積極參與政治的羣體。但同時，儒家是排斥其他社會羣體參與政治的。在儒家那裏，社會階層是具有等級的，而這個等級是通過政治劃分

的。儒家的等級就是「士、農、工、商」。通過這種等級劃分，儒家成功地把其他社會羣體排除在政治過程之外。更為重要的是，儒家也把自己排除在法律之外。儒家認為，君子具有善的品德，不需要任何法律的約束。法律只是針對其他社會羣體。不過，歷史上，儒家追求政治參與，而排斥其他羣體參與政治的做法，是有很大的代價的。面對王權，儒家實際上也往往非常微弱。儒家的道德力量何以能夠對王權構成任何制約呢？在任何國家，能夠制約王權的是具有人口力量的社會，或者具有經濟力量的商業階層，或者兩者的結合。儒家把其他社會階層排除在政治過程之外，自己也往往成為犧牲品。在很多場合，為了權力，儒家的犬儒主義是很顯然的。

第三，對社會來說，儒家也是極其自私。儘管儒家這個羣體本身是開放的，也就是說，人人都可以成儒，通過接受教育而成為儒。「有教無類」是儒家學說的一個優勢。但這並不是說儒家的知識是向社會開放的。儒家是一個壟斷知識的羣體，並沒有想到要把自己的知識傳播給社會大眾。相反，這個羣體對社會實行的是愚民政策，壟斷知識僅僅是為了自我利益，即向王權服務。顯然，在「有教無類」的思想傳播到西方後，西方就發展出了大眾教育的教育哲學，在此基礎上又發展出了大眾教育結構。而中國

儘管很早就有「有教無類」的思想，但並沒有發展出大眾教育。

一些學者把儒家稱之為中國的自由主義。的確在很多方面，儒家有些類似西方自由主義，例如提倡政府對市場和社會的不干預。但是，儒家不像西方自由主義那樣具有進步性。西方自由主義有兩個核心，第一就是相信進步，相信事物是不斷變化的，第二相信人類可以通過不斷改革現存體制，求得進步。儒家則不同，相信第一個層面，但對第二個層面的變遷不甚感興趣。自《易經》以來，中國多數思想流派認為「變」是一個自然的產物，因為對《易經》來說，所有事物都在變化之中，唯一不變的是「變」本身。在這個意義上，儒家不否定「變」，也接受「變」，包括改變自己。從這個意義上說，儒家是一個開放的體系，可以包容一切、接受一切。但是，儒家並不主張人為地去促動變革。儒家是一種非常發達的保守哲學，利用現存因素來塑造一個穩定的社會秩序。也可以說，儒家是一種社會秩序哲學。也正是在這個意義上，儒家始終是官方意識形態，為王權所有。很顯然，對王權來說，秩序是一切。

在這樣的情況下，儒家的創新能力就成為問題。儒家往往成為改革的保守力量，其關切的是如何維持現存秩

序，而不是改變現存秩序。但這並不是説，儒家永遠滿足於現存秩序。相反，儒家也經常批評現存秩序。儒家甚麼時候會批評現存秩序呢？那就是當其認為現存秩序不符合儒家所認同的「規範」秩序的時候。就是説，儒家是用其理想來批評現存秩序。打一個比喻，我們學者和社會現實的關係就好像醫生和病人之間的關係。人得了病，找醫生看病。醫生的道德底線是要把病人醫好。醫生根據自己所有的知識和所積累的經驗給病人看病。如果病看不好，那麼只能説醫生所學的知識和經驗錯了或者不夠，而不能説病人生錯病了，因為這裏病是客觀的存在。但在中國的儒家那裏，情況剛好相反。當中國社會經濟發生變化而和儒家的理念不相吻合的時候，儒家會説，社會現實錯了。應當修改的是社會現實，而非儒家掌握的知識。儒家因此往往結合王權來阻止社會經濟現實的變化。可以説，在儒家主導下，中國歷史往往是在「削足適履」的狀態下演進的。

佛家從印度傳入。剛開始的時候，儒家也極力反對佛教的。但後來，儒家看到皇帝也接受了佛教，因此努力改造佛教使之成為和儒家不相矛盾的一個文化組成部分。「化」佛教是儒家的功勞，佛教大大豐富了中國文化，但也因此佛教和權力、利益的關系變得非常密切。從和權力的關係來看，佛教和儒家並沒有本質上的不同。

如果説儒家和佛家是體制內知識分子，那麼體制外關心權力的羣體只剩下「江湖派」了。「江湖派」當然是對體制外知識分子的一個統稱，「江湖派」裏面也有不關心權力的知識分子。道家在一定程度上也可以稱為「江湖派」的一部分，但是「江湖派」裏面很多人是關心權力的。他們淪落「江湖」是有不同原因的。大部分人是因為不能擠入體制內，就是説想進入體制但失敗了，於是對現存體制產生了不滿。但有些則本來就對現存體制不滿。這個羣體對權力感興趣，他們追求權力的方法就是通過「反權力」，就是想方設法挑戰現存體制，通過推翻現存體制而獲得權力。歷史上，很多農民起義過程中的知識分子就是這種情形。

　　這個羣體和我們所討論過的西方知識分子不同。西方知識分子是通過創造新的知識體系，或者通過另外一個「規範」學説來挑戰現存權力。中國的「江湖派」並不這樣。他們往往和體制內的知識分子的思路沒有任何差別。他們強調的是現存掌權者已經不再能夠恪守早先的承諾，或者説已經不能履行「天命」了，因此應當挑戰掌權者，推翻他們的統治。「天命」應當轉移到「反權力者」那裏，這是體制外知識分子所擁有的理念，也是他們動員社會力量的手段。但是，一旦當反權力者真的得到了權力，那麼他們

所有的一切，都和原先的掌權者毫無區別。

　　中國歷代皇朝簡單更替、再複製背後有很多因素，但沒有任何知識創新是其中一個重要因素。用馬克思的物質主義觀點來看，這主要是取決於中國農業社會這一事實。但問題在於，為甚麼中國永遠沒有逃離農業社會的陷阱呢？在一些歷史階段，中國成為相當發達的商業社會。中國曾經有過為甚麼沒有產生資本主義的爭論，但沒有結果。不管怎樣，在西方，無論是經濟形態還是政治形態的演進，新的知識體系扮演了重要的作用。中國沒有發展出資本主義，和其沒有產生能夠促進資本主義經濟形態的知識體系是有關聯的。誠如韋伯所言，中國很多因素包括儒家學說和「士、農、工、商」的社會結構，都阻止了中國經濟形態的革命性變化。這裏我們不是要討論資本主義的問題，指出這一點是為了說明中國的知識體系，在歷史進程中哪些方面起了作用，哪些方面沒有發生作用。有一點是非常清楚的，如果中國沒有一個獨立的、以創造新知識為使命的知識分子羣體，那麼中國的發展和進步，很難超越那些具有這樣一羣知識分子羣體的國家。

當代中國知識分子與權力

　　討論了傳統社會的知識和權力之間的關係。這裏轉而討論當代中國的知識和權力之間的關係。令人們非常驚訝的是中國傳統的根深蒂固和強大。即使從孫中山先生發動的辛亥革命算起，到現在也已經有了一個多世紀的時間了，但知識分子和權力之間的關係，竟然沒有任何實質性的變化。為甚麼這麼說？

　　我們仍然可以用分類傳統知識分子的方法，對當代的知識分子作分類。可以發現，知識分子和權力之間的關係的本質沒有變，但名稱和內容則有變化。

　　和傳統知識分子一樣，當代知識分子仍然可以分為體制內和體制外兩大類。根據前面的順序，我們先來看體制外的那些對權力不感興趣的知識分子羣體。傳統上，這個羣體是道家。當代中國也存在着「道家」，他們對知識感興趣，自願邊緣化。和傳統「道家」不一樣，除了在宗教意義上的當代道家外，這個羣體的很多人不得不關注社會現實。不過，這個羣體不大。下面會強調，商業化已經完全改變了知識分子的生態環境，傳統道家所擁有的生存環境，現在已經不復存在。

　　體制內依附型知識分子還是中國知識分子羣體的主

體。這個羣體傳統上是儒家，但現在則比較複雜。這裏有幾個變化。第一個大的變化就是傳統儒家裏面的「規範」「忠誠」派已經接近消失。傳統儒家有強烈的「忠君愛國」思想。儘管人們可以批評說「忠君」和「愛國」應當是兩件不同的事情，「君」並不是「國」呀！但這個思想太過於現代，因為無論中外，歷史上的很長時間裏，人們把兩者是等同的，即「君」就是「國」，至少「君」代表「國」。實際上，在一些忠誠的儒家那裏，這兩者也是有區分的。有時，儒家對「國家」的忠誠連「君」也接受不了。說真話是有很多代價的，一些儒家為了「國家」而批評「君」導致生命的喪失。這裏，不管是為了「君」還是「國」，很多儒家的忠誠是絕對的，長達數千年，儒家的這種忠誠精神從未消失。這也就是傳統中國知識分子所說的「良知」。知識分子和權力之間的這種緊張關係非常重要。傳統中國的王權所受的制約不多，由知識分子的這種「良知」所產生的道德對帝王的影響算是相當重要的。正因為如此，這些忠誠者一直為後人所尊敬和仰望。

但是，這種知識的「良知」在很快消失。今天，中國的知識分子面臨外在世界的無窮的壓力和誘惑。傳統上，知識分子所面臨的壓力和誘惑只來自權力。物質和經濟利益對傳統知識分子的影響即使有，也不具實質性。在「士、

農、工、商」的社會等級裏，知識分子把自己放在了第一位。所以，人們稱知識分子為「清高」，也就是說，他們和經濟利益不是一體的。「不為五斗米折腰」是知識分子的信念。現在呢？現在的知識分子面臨權力和物質利益雙重的壓力和誘惑。中國知識分子在數千年農業社會裏一直堅持的「良知」精神，在現在商業革命的衝擊下很快就解體了。失去了這個「忠誠」的羣體，中國體制內知識分子裏面只剩下「依附型」知識分子了，要不依附權力，要不依附利益。

體制內依附型知識分子現在也很複雜。傳統上只有儒家這個羣體，但現在有很多羣體。依附類型的多元化至少有兩個條件。首先是當今社會利益的多元化，利益多元化了，掌權者需要相應多元的支持和依附者。其次，這也說明了權力這方面正統意識形態的衰落這個事實。儒學是傳統王權的意識形態，數千年不變。但是今天的政權已經沒有像儒學那麼強大的意識形態了。在此情況下，掌權者就會到處尋找多元知識的支持，甚麼有用就借用甚麼。所以，即使是「依附型」知識羣體中，不同的次羣體之間是互相矛盾，甚至互相衝突的。

各個次羣體拿甚麼來依附和支持權力的呢？簡單地說，有二。一是從西方輸入的知識，二是從中國傳統承繼

的知識。輸入的知識包括馬克思主義和各種版本的新馬克思王義、列寧主義、民族主義等等。承繼的傳統知識主要還是儒家學說。在改革開放之後儒家學說有了很快的復興，主要體現在「國學」運動中。無論是西方輸入的還是傳統承繼的，都是為現存政權辯護的。當然，人們很容易發現這兩者之間的深刻矛盾。不管怎樣，這兩者都希望自己能夠影響權力，並且成為權力者的意識形態。辯護者對他們所持學說的信仰，並不亞於歐洲中世紀教會對宗教神學的信仰。

體制外的權力反對者又如何呢？應當再次強調的是，反對權力者也是為了權力。問題是這個羣體拿甚麼來反對權力呢？實際上，和「依附型」羣體一樣，這裏面也有兩個次羣體，一是以輸入的西方知識來反對權力，二是拿中國傳統，主要是儒家傳統來反對現存權力。

其中，第一個次羣體是主流。清末以來，中國傳統類型國家一而再、再而三地被西方類型國家所擊敗。中國的政治精英和知識精英對中國傳統完全失去了信心，他們開始從西方尋找「真理」。「新文化運動」期間，中國所謂「百家爭鳴」。但所有這些百家都是從外國輸入，沒有一種屬於中國自己的。當然，當時也有知識分子堅持中國傳統，但並沒有佔主導地位。各種外國的主義在中國互相競爭，

非常激烈。早期，自由主義佔據主導地位，因為很顯然西方強大國家都是民主國家。「五四運動」把西方的成功概括成為「德先生」(民主)和「賽先生」(科學)並不難理解。但是，辛亥革命失敗之後，自由主義在競爭中退出，勝出的是馬克思主義、列寧主義、民族主義和社會主義。當然，這裏還有一個外在的條件和一個內部條件。外部條件就是第一次世界大戰和蘇俄革命的成功。在當時中國的政治人物和知識分子看來，第一次世界大戰的爆發表明西方自由主義的失敗，西方資本主義的失敗。而蘇俄革命的成功，則是馬克思列寧主義和社會主義的成功。因此，知識分子很快就轉向後者。內部條件就是在像中國那樣的落後國家，要實現西方自由主義制度並沒有甚麼現實可能性。很顯然，西方制度是西方社會經濟數百年發展的產物，很難移植到其他文化。

自由主義並沒有演變成為中國的政治制度，但西方的價值則生存下來。除了蔣介石時代也就是 20 世紀 30 年代，掌權者試圖恢復中國傳統 (也就是新生活運動) 之外，在中國的土地上，歷來是各種外國觀念的競爭。馬克思列寧主義成為掌權者的意識形態之後，西方自由主義就成為其競爭者和反對者。不過，接受了西方自由主義觀的人，和傳統儒家的思維有驚人的一致性。上文已經提到，依附

型知識分子把馬克思列寧主義上升為政治意識形態，來論證政權的合法性。同樣，反對者也試圖把西方自由主義上升為一種「反意識形態」的意識形態，來論證政權的不合理性。在批判者當中，也有人試圖把西方和中國傳統兩者混合在一起，例如儒家和西方自由主義。

很顯然，和「依附型」知識分子一樣，反對權力的知識分子也具有如下特點。第一就是上文所強調過的，兩者都是為了權力，非常類似於執政黨和反對黨一樣。反對權力的目標就是為了有朝一日自己擁有權力。第二，反對者也同樣不是解釋事物的知識體系。他們對解釋世界並不感興趣，他們的興趣在改造世界。從這個意義上說，他們不是知識產生者和擁有者，而是知識的使用者和應用者。第三，公平地說，和「依附型」知識分子一樣，反對者也是理想主義者，他們的目標也是建設一個他們想像中的國家。不過，他們的知識想像並不是基於他們對客觀現實的認知和理解，而是借用業已存在的知識想像。不同的主義就是他們從各種借用來的知識體系中所作的想像。第四，也和「依附型」知識分子一樣，反對者同樣是各種說教。他們用各種西方的價值或者道德來評判人、制度、文化。他們沒有能力來解釋世界，但有巨大的動機來批判現實。

在西方，儘管也有為權力辯護或者反權力的知識分

子，但其主體是那些解釋事物和世界的知識分子。中國沒有這個以解釋事物和世界為使命的知識羣體，因此知識分子如果要得到權力，就會傾向於求助於權力。依附權力和反權力者因此具有同樣的思維和行為邏輯。

簡單的結論

我們已經從「知識就是權力」的概念出發，討論了西方的傳統、中國的傳統和中國的現實。從這個簡要的討論中能夠獲得甚麼樣的信息呢？也就是對當代中國知識分子來說，會有甚麼樣的啟示呢？如下幾點是很顯然的：

第一，現實地說，不管人們喜歡與否，中國的傳統還會繼續。這不僅是因為傳統根深蒂固，已經演變成為一種深層次的文化，而且也是因為「依附型」知識體系背後是其龐大的利益，這塊利益不會放棄。而「依附型」知識體的存在，也表明反對者的存在。他們之間是有機的對立，缺一不可。

第二，知識分子要對文明的進步負有責任。對中國文明最大的考驗是商業革命。中國文明數千年是農業文明，沒有經歷過商業文明的洗禮。現在在商業文明面前，中國文明如何發展，這是人們需要考慮的一個大問題。作為文

明內在部分的知識分子，也面臨商業文明的考驗。

第三，知識本來就是力量和權力。誰生產出新的知識，誰就會擁有改造世界的能力。整個人類發展的歷史表明，誰說思想不能產生物質呢？中國的鄧小平在 20 世紀 70 年代末就說過：「科學技術是生產力」，這是思想產生物質的另一種說法。在任何社會，知識分子都是想改造社會的。但如何改造社會呢？首要的任務是生產能夠解釋社會的知識體系。沒有這樣的知識體系，就不會有改造社會。

第四，中國的變革和社會進步，需要一大批思想獨立但同時關心社會的知識分子。也就是前面所說的能夠投身於解釋中國社會的知識分子。他們的努力並不是為了權力或者其他利益，而是為了理解和解釋事物（也包括任何社會現象）。儘管解釋世界也可以產生力量或者權力，但這裏力量和權力只是副產品。不管怎樣，只有在把世界解釋好之後，才能把世界改造得更好。

第五，對任何一位知識分子來說，應當認識到人類的思維能力是沒有邊界的，就是說，誰都具有潛力來構造知識體系。不過，一旦人的思維受制於權力和利益，思維就有了邊界，知識就沒有了想像力。中國社會的進步，取決於獨立的知識體系的出現。超越權力和利益之外，這是中國未來知識體系建設的最低條件。

二、知識體系是最強軟實力

中國在國際事務中還沒有話語權

國際話語權就是要對西方國家和非西方國家、發達國家和發展中國家都能產生影響的軟力量。話語權的一個顯著特徵就是對方自願接受，而非被強加上。在經濟力量迅速崛起以後，中國也想提出自己的國際話語權。儘管在「中國模式」方面，中國對發展中國家具有一定的話語權，但從總體上看，目前中國在國際社會的話語權尤其對發達國家而言還是非常微弱。中國現在已經是世界上第二大經濟體，外在的經濟影響力增大，但即使是在國際經濟上的話語權也並沒有顯現出來，至少是與其經濟力量不相符的，更不用說在世界政治上的話語權了。

經濟上，中國作為一個經濟大國卻面臨有責無權的局面。隨着中國的崛起，西方和發展中國家都要求中國擔負起更大的國際責任，中國也在一定程度上願意負責。但是中國是通過「買單」和「開支票」等方式來承擔國際責任的，這種方法很不利中國，從長遠來看不可持續。儘管中國有努力爭取提高自己在國際經濟體系上的話語權，例如

G20 峰會和世界銀行投票權改革，但是這些並沒有改變歐美主導國際金融體系的基本格局。

文化上，這些年來，中國開始提倡和鼓勵文化走出去（如建設孔子學院和媒體「走出去」等）。然而，孔子學院只局限於語言教育，而語言只是文化的一部分。況且不論這種政府主導的文化推廣是否可持續，如果只是語言的推廣，是不能轉化成國際話語的。應當指出的是，即使是「孔子學院」的方式也已經開始出現很多問題。因為是側重語言教育，有關方面強調的是學生人數，而非中國文化對西方精英（例如學者）的影響。為了增加學生人數，一些孔子學院已經走向中學，並引起了西方社會的反彈。

政治上，西方的學界和政界把中國的發展模式概括為「權威資本主義」（authoritarian capitalism），由於這種模式與西方國家所秉持的民主發展模式（democratic development）背道而馳，因此被認為是會對西方政治價值構成巨大的挑戰，也會對現存國際秩序產生負面影響。西方各國的這種普遍擔憂促使他們有意無意地對中國施加共同的政治壓力。

軍事上，對國際關係的零和遊戲思維正加深着西方對中國的深刻疑慮和不安。對西方國家來說，中國在軍事上一舉一動都是威脅。西方社會理解中國軍事現代化的需

求。任何國家隨着經濟的現代化，軍事現代化不可避免，但西方所不理解的是中國軍事現代化的意向和戰略。

外交上，只要中國接受西方話語權，西方就高興。一旦中國與西方行為不一樣，西方就生氣。改革開放以來，中國在外交事務上只是西方（美國）的跟隨者。儘管很多年來，有關方面一直努力闡述「和平崛起」或者「和平發展」話語，但「和平崛起」是針對中國本身的行為而言的，說明中國本身為甚麼和怎樣融入世界體系。這個話語很難論證中國的「走出去」及其在「走出去」過程中為甚麼會和西方的利益發生衝突，尤其在價值觀層面。中國已經進入世界體系，成為利益相關者，但在價值方面，中國和西方還是沒有達成共識。而沒有一定的共同價值，在處理無論是雙邊、多邊或者國際問題時，就難以達成共識。

對於非西方的發展中國家來說，中國還是有一些話語權的。近年來，在很多發展中國家的精英開始反思西方的「民主發展模式」的時候，中國的發展經驗開始對發展中國家產生很大的吸引力。中國實行改革開放政策近四十年，不僅造就了內部經濟社會的持續發展，而且融入世界體系並起到越來越大的作用。在內部發展上，中國的發展模式是漸進的、有秩序的，政治秩序和社會經濟的發展是一個良性的互動。在外交方面，中國積極參與和發起地區

性的和國際性的多邊組織。中國參與發起的組織側重於解決問題及與社會經濟的互動，不像西方國家組織的多邊組織那樣具有戰略性。此外，中國和發展中國家的經濟社會文化交往沒有其他的戰略和政治意圖，並且奉行不干預主義。中國在與發展中國家尤其是非洲國家的貿易和經濟交往中，既滿足中國自己發展的需要，也促進當地經濟社會的發展。這些都是西方國家沒有做到的。當然，也應當看到，儘管這種國際行為方式為發展中國家所接受，但很多發達國家則視其為一種威脅，認為中國正破壞着西方國家在發展中國家建立起來的遊戲規則，即有條件的經濟交往。

　　無論是內部發展還是外交交往，中國的行為模式都對發展中國家產生着深刻的影響。但是這方面也有很多問題存在。中國自己對這個模式是甚麼沒有說清楚，「我是誰」的問題還沒有回答。發展中國家當然可以以自己的角度來理解中國，但只要中國本身不能回答「我是誰」的問題，有關「中國模式」的話語權還是很難建立起來。同時，西方則用自己的話語來描述中國在這些地方的行為，如「新殖民主義」、「和西方競爭外交空間」、「搞全球外交」和「權威資本主義」等等。儘管中國沒有像西方所說的那樣行為，但很多發展中國家陷入西方話語體系多年，那裏的人們很多還是相信西方的話語。而中國本身也沒有能夠給

這些國家的人和國際社會一個合理的說法。一些說法，不中不西，不倫不類，沒有任何影響力。這對中國很不利。中國要確立能夠解釋自己的國際行為的話語，就首先必須脫離西方的話語體系。用西方的話語來解釋自己只是對西方的一種「遷就」，而非和西方的平等對話。國際話語並不是自說自話、閉門造車能夠產生的，而是必須通過和西方、發展中國家的平等對話才能產生。如果不能產生一整套能夠解釋自己的概念和理論，就很難爭取到和西方的平等對話權。

目前中國提升國際話語權的有利因素主要是其經濟實力的增長。最近，中國的 GDP 已經超過日本，成為僅次於美國的世界第二大經濟體。中國的硬實力一直在上升，又是一個巨大的市場，無論是發達還是發展中國家都要和中國有經濟往來。中國的增長模式對發展中國家尤其具有吸引力，它們想要知道中國的發展經驗，即支撐硬實力增長的軟實力是甚麼。經濟力量的崛起，以及世界各國對中國軟實力的了解的需求，為中國提升國際話語權創造了有利的條件。

中國提升國際話語權的不利因素主要在於其與西方（美國）不一樣的市場經濟、政治制度和意識形態。西方國家對中國「權威資本主義」發展模式的擔憂，促使它們

會經常聯合起來對中國施加壓力。同時，西方各國普遍認為中國在軍事上崛起也會對現存的國際秩序造成很大的衝擊。

鑒於上述因素，中國提升國際話語權的難點在於如何讓中國能夠被世界尤其是西方所接受，如何讓國際社會相信中國的崛起是對這個世界有利的。從歷史上看，任何一個國家，如果要崛起成為大國，就必須在經濟增長的同時，造就一個為世界所接受的知識體系。英國的崛起不僅僅是經濟的發展，更重要的是其自由主義貿易體系理論的確立。古典自由主義的確立是對世界的一個貢獻。當然，這個理論體系既有利於英國，為英國在全球的貿易做了合理的論證，同時也有利於世界，推動了世界貿易經濟的發展。一個利己利人的思想體系也使得英國在很長歷史時期裏掌控了世界的話語權，充當了世界經濟體系的領導角色。

在英國之後，美國是世界的領導者。在自由主義理論方面，美國實際上沒有多大的創新，而是大多繼承歐洲的傳統。美國的貢獻在政策科學和實際政策的推行層面。「二戰」後，美國利用歐洲的經濟困難，推出「馬歇爾計畫」，在復興歐洲的同時，成為世界經濟的領導者。這種領導權也體現在美國對世界經濟體系的重組。到今天為止的世界金融制度和貿易制度等都離不開美國的努力。也必

須認識到，對世界秩序的重組的核心是為了增進美國的利益。此外，美國也憑藉其強大的經濟實力，大力推行西方價值觀，民主、自由和人權是美國國際政治話語的核心。

現實地說，在所有這些傳統話語領域，包括中國在內的發展中國家很難和西方（美國）競爭，更難超越它們。發展中國家所能做的只是「依附」西方。這種依附性戰略除了能夠贏得西方的一些「同情」外，並沒有實質性的用處。中國要爭取國際話語權和領導權並不容易。如果在經濟自由和政治民主方面，中國很難作為，那麼就要在其他方面有所突破。這樣的突破也不是不可能的。

沒有知識體系，就沒有國際話語權

無論從內部世界還是外部世界來看，中國缺失自己的知識體系的現狀令人擔憂。從內部來看，因為沒有自己的知識體系，對社會的發展趨勢認識不清，更不知道如何解決越來越多的問題。很自然，官方意識形態已經和社會現實嚴重脫節，政府官員在普通人民眼中正在失去合法的統治基礎。意識形態是內部統治的軟力量，缺失了有效的意識形態，中國的統治成本在迅速提高。

就外部世界來說，隨着中國的崛起，人們對中國抱有

越來越巨大的不確定性。其中，對中國的誤解起着關鍵的作用。這種誤解在 2008 年北京奧運會之前達到高潮。從前，外界對中國的誤解多半是因為中國的封閉。但現在改革開放已經數十年，中國已經相當開放。當然，中國體制運作很多方面仍然很不透明，這種不透明在繼續阻礙着世界對中國的客觀認識。透明度越高，越能幫助外國人理解中國，中國在這方面的確還有很多的空間需要改進。

但是，透明度提高並不能幫助中國本身產生自己的知識體系。現實的情況是，知識體系的缺失使得中國的國際「軟空間」非常狹小，和中國所擁有的硬實力（如經濟力量）毫不相稱。中國的決策者也意識到了問題的嚴重性。這些年來，在很多方面下手，狠抓中國的「軟力量」建設。孔子學院和媒體「走出去」是其中兩個顯著的例子。不難理解有關方面的這種努力，同時這個方向也是對的。中國不僅自己要了解外在世界，也需要外在世界了解自己，不過情況不容樂觀。

從總體上看，中西方之間的誤解不僅沒有在減少，反而是越來越深。無論是孔子學院還是媒體「走出去」，都具有工具性，即中國所說的「外宣」。不過，外宣方面的空洞無物是盡人皆知的，在很多時候反而起到了相反的效果。當然，這個責任也並不在外宣部門。在沒有自己的知

識體系的情況下，中國不可避免要面臨一個「對外宣傳甚麼」的問題，而知識體系的創造責任並不在外宣部門。如同內部統治，如果中國在國際社會的「軟空間」繼續收縮，其對外交往的成本會繼續提高。

「軟空間」缺失的因素有很多，但最主要的根源在於中國缺失一個可以說明和解釋自己的知識體系。中國有古老的文明，有當代的最優實踐，但沒有知識體系來解釋。對中國歷史傳統和現實經驗的解釋權，似乎永遠在外國人手中。

沒有知識體系的一個嚴重結果，就是中國沒有自己的國際話語權。中國努力借用外在世界的尤其是西方的知識體系來認識自己，解釋自己。借用他人的話語權來向他人推廣自己，這是中國知識界所面臨的一種困境。很多人已經意識到了這一點：經濟學家意識到了西方的經濟學解釋不了中國的經濟實踐，社會學家意識到了西方社會學解釋不了中國的社會實踐，政治學者發現了西方政治學解釋不了中國的政治實踐。但是在實踐上怎樣呢？他們不是努力去發展中國自己的知識體系，而是繼續使用西方的概念和理論。在中國這塊土地上生存着無數的西方經濟學家、西方社會學家、西方政治學家，但卻沒有自己的經濟學家、社會學家和政治學家。結果呢？大家越說越糊塗，越解釋

越不清楚。當然，也有一些人想關起門來，搞知識層面的「自主創新」。其結果也只是自說自話，說一些除了自己之外誰也聽不懂的東西。

思想和思維被殖民：
中國為何還沒有自己的知識體系

這是一種甚麼樣的現狀？簡單地說，這是一種思維、思想「被殖民」的狀態。從「五四運動」以來，中國就一直處於這樣一種狀態。進入近代以來，中國傳統國家被西方所產生的新形式的國家所打敗。遭受連續的失敗之後，中國的精英開始向西方學習，即所謂的向「西方尋求真理」。西方就是真理，就是科學，這是一個根深蒂固的心理狀態。學習西方，便是政治上的正確。在這一點上，中國的政治精英並沒有大的分歧，他們的分歧在於向哪一個西方學習，或者向西方的哪一個方面學習。總體上說，自由派學歐美，左派學蘇俄。很顯然，無論是自由主義還是馬克思主義，都是西方的產物。儘管在一定的歷史時期，也有類似於「馬克思主義中國化」的思想意識運動，但這裏主體還是西方，而不是中國。視西方為真理，為科學，那麼非西方的包括中國本身的就是「非真理」、「非科學」了。

長期以來，知識界那些追求「非西方」的知識的努力，被視為是政治上的「不正確」。

改革開放不僅沒有改變這種趨向，反而變本加厲。無論左右派，都想把一些西方的教條道德化。左派主張公平正義，自由派主張自由民主。不管他們的思想有如何的對立，都是從西方進口，在中國的知識市場上競爭。這類似於在經濟領域，中國本身沒有甚麼技術創新，而是基於西方技術之上的各種產品在中國的市場上競爭一樣。所不同的是，知識界往往能夠站到更高的高度，把一些西方的概念提高到價值觀層面，這樣就可以毫無止境地「妖魔化」其他一些價值，無論是西方的還是中國的。中國的很多知識分子只知道也只會用他們所認同的價值觀來評判中國的實踐，而不是經驗地研究中國實踐。很多人像是被西方的知識體系洗了腦一般，非常滿足於思維、思想被殖民的狀態，掌握了幾個西方概念就老是覺得掌握了真理。真理在手，就高人一等。用西方概念來訓斥人，是很多中國知識分子的高尚職業。

馬克思曾經強調過，哲學家有兩件任務，解釋世界和改造世界。解釋世界是改造世界的前提。但在中國，知識分子都想充當公共知識分子，都想改造世界。他們沒有能力來解釋世界，卻有高度的自信來改造世界。結果呢？越

改造，這個世界就越糟糕。改革開放以來，中國很多的問題和很多的政策失誤，決策者要負責，但提供知識體系的知識界也有一份很大的責任。

一個文明，如果沒有自己的知識體系，就不可能變得強大。自近代以來，西方文明是隨着自己的知識體系的出現而開始強大的。任何一個知識體系都是基於自身的實踐之上。正因為如此，其有能力解釋自身，有能力聚合各種力量。實踐是開放的，知識體系也是開放的，這就決定了基於實踐之上的知識體系具有無限的創造能力。在國際舞台上，則表現為強大的軟力量。

人們所看到的近現代知識體系由西方產生和崛起。社會科學中的「西方中心論」成為必然。「西方中心論」說明了近現代知識體系起源於西方這個事實，其本身並沒有錯。當人們說「社會科學」時，這裏的主體是社會，而科學只是認識這一主體的工具。同樣產生於西方的科學方法，幫助西方人確立了自己的知識體系。然後，西方學者也開始用他們的知識體系來解釋其他社會，這在很大程度上也是不可避免的。意識形態、文化、習慣等因素都會影響西方學者對其他社會的看法。

不能過分譴責西方學者對中國的偏見，主要的責任在於中國知識界本身。解釋自己生活的世界是自己的責任，

而不是他人的責任。不過，很顯然，只要中國的知識界生存在思維和思想的「被殖民」狀態下，就不可能產生這樣一種知識體系。要生產和發展這樣一種知識體系，首先要意識到「被殖民」這一點，然後，再努力從這種狀態中解脫出來。

現代中國的大轉型，並沒有造就中國自己的知識體系，這應當是中國知識界的羞恥。也很顯然，在能夠確立自己的知識體系之前，中國沒有可能成為一個真正的大國。單純的 GDP 成就不了中國的大國地位。更重要的是，沒有自己的知識體系，可持續發展也會受到制約。沒有自己的知識體系，中國可以應用，但不會創新。一個嚴酷的現實是，一旦涉及創新，人們在中國看到的最多的是山寨文化、山寨概念和山寨理論。抄襲知識、複製知識，做大量毫無附加值的知識複製，是中國知識界的大趨勢。這和中國製造業的情況沒有任何差別。實際上，知識和知識的實踐（製造業）是一枚硬幣的兩面。只有擁有了自己的知識體系，才會擁有真正的原始創造力。

要擺脫思想「被殖民」的狀態，政治是關鍵。「被殖民」狀態本來就是政治的產物，也必須通過政治而得到解放。中國傳統上就沒有知識創新的能力。中國數千年所擁有的，只是一種依附性的知識體系，即一種依附於王權的

知識體系。秦朝統一中國之前，中國產生了百家爭鳴的局面，確立了中國的思想體系。但是，秦朝統一中國之後，這種思想體系很快就演變成為王權依附體系。數千年裏，只有當王朝解體的時候，或者當皇朝控制不了社會的時候，才會導致一些新思維和新思想的出現。

而在近代「向西方尋求真理」以來，王權依附就演變成為西方知識依附，知識體系的本質並沒有甚麼變化。無論是哪一種依附，本質是一樣的，就是維持政治在意識形態方面的控制。對統治者來說，相比之下，前一種依附要比後一種更有效。前者畢竟還是基於自身政治實踐的知識體系，儘管保守，但為社會所接受，因此能夠實現有效的軟性統治。後者呢，作為一種外來的知識體系，既不能解釋現實，也不能為社會所接受，因此在實現統治過程中反而扮演着負面的角色。這也就是當代中國的統治權表現得越來越剛性的主要根源。

很顯然，要創造知識體系，創造者就必須擺脫政治因素的束縛，政治束縛從思維領域退出變得不可避免。當然，這並不排除用法治形式對思想領域進行規制。這一點連自由主義也是承認的。世界上不存在完全的自由，那些可以對公共生活產生非常負面的影響的思想領域，必須加以規制。只有規制，才能確立知識的社會責任。傳統社

會，因為其他的控制較少，意識形態的控制（表現在一種統一的文化和價值）對政治統治來說就變得非常重要。但是，在現代社會，統治者擁有了包括組織在內的各種現代化控制機制，就再沒有必要通過思想的控制來實現統治權。

一旦當思想成為物質利益的奴隸的時候，思想就不再是思想；一旦當思維被控制的時候，不管是被政治權力所控制，還是被物質利益所控制，就不再具有想像和創新能力。這裏的邏輯就是：國家越富有，統治者掌握的金錢就越多，思想就越貧乏，文明就越衰落。今天，當人們開始討論起中國文化體制改革的時候，中國的決策者是否可以直面這個現狀的癥結呢？現實是，如果文化體制的改革不能促使中國擺脫這個邏輯，那麼創新便是空談，建設自己的知識體系便是空談。

第三章

專業主義與知識體系建設

改革開放以來，中國把教育尤其是高等教育放到優先的位置。鄧小平強調「科學技術是生產力」，教育的重要性是可想而知的。從政府的政策話語來說，全世界很少有像中國政府那樣把教育提高到那麼高的高度。對教育重視的程度不應當令人們驚訝。作為孔孟之鄉的中國，數千年傳統歷來就強調教育。數千年之前，孔子就已經把人口、財富和教育作為立國的三個最重要要素，強調在發展生產、創造財富之後，唯一的大事情就是「教之」，也就是發展教育事業。無論是政府的政策還是傳統都給予了教育高度的重視，但多年來中國教育的現實情況則非常令人擔憂。

一、知識體系與教育哲學

為甚麼要談教育哲學

　　這些年來，中國教育方面的改革也不少，但教育系統的情況並沒有甚麼明顯的好轉，在很多方面，似乎越改越糟糕。老實說，儘管中國改革的各個領域都存在着非常多的問題，但人們最為擔憂的還是教育，尤其是高等教育。教育領域方方面面的發展不僅沒有實現人們對教育的高度期待，反而與這種期待剛好相反。在一些方面，中國的教育不僅沒有為國家提高勞動生產力做出應當有的貢獻，反而在阻礙勞動生產力的提高。改革開放以來，儘管教育有了大發展，但中國的技術創新能力仍然非常低下。不難發現，在教育費用大幅度提高的同時，教育所能給學生帶來的價值在迅速減少；在大量大學生找不到工作的同時企業越來越找不到所需要的技術工人。改革開放近四十年了，

中國大陸的產業升級異常緩慢。東亞其他經濟體包括早期的日本和後來的「四小龍」（中國的台灣和香港，以及新加坡、韓國）在其經濟發展過程的早期，每隔十來年就會有一次產業升級。中國儘管仍然處於工業化的早期，但在過去的幾十年還沒有明顯的產業升級。更為重要的是，中國仍然缺失自己的知識體系。無論在哪個知識領域，知識體系的缺失是顯然的。科學和工程方面，知識具有普適性，中國尚可借助於「輸入」的方式來填補。但也應當指出，這個普適的領域，中國並沒有做出很多的貢獻，中國在盡量輸入西方的知識，就是說，應用西方的技術。中國能否繼續這樣下去？這取決於西方是否願意向中國輸出知識。西方對中國的知識輸出，無論是研究還是技術產品，正在施加越來越多的限制。在這個普適領域，中國也有一些創造，但其所創造出來的知識與中國社會所給予的大量的財力和人力的投入不成比例。更為嚴重的問題在社會科學領域。改革開放以來，中國已經形成了世界上最大規模的社會科學研究羣體，每年都在生產着不計其數的著作和文章，有效推動着中國出版業的發展。統計顯示，就出版作品的數量來說，中國早已經擁有世界上最大的出版業。同時，也因為中國知識界毫不遲疑地接受了西方的研究「八股」（技術層面）方法，越來越多的學者能夠在西方雜誌

期刊上發表論說。不過人們要問，這個龐大的社會科學群體在解釋中國嗎？大多數人所做的僅僅是尋找中國證據來論證西方理論。不難發現，大多論文都被冠以類似「來自中國的經驗證據」這樣的副標題。多少年來，在中國這片土地上互相競爭的都是來自於西方的各種思想、意識和觀念。來自本土的思想、意識和觀念到今天為止幾乎是空白。實際上，就連對中國傳統思想的論述例如儒學也已經嚴重西方化了，所謂的對中國的研究僅僅是用西方「八股」所做的再解釋罷了。缺失自己的知識體系對中國的文化和文明發展的負面影響正在日益展現出來。很顯然，知識體系是任何一個文明的主體和核心。在缺失這樣一個核心的情況下，何以有中國文明的復興呢？沒有任何證據可以證明中國文明正在復興。相反，文明衰落的症狀則到處可見。

到底是甚麼因素使得中國教育和知識界處於這樣一個難堪的困境？很多年來，我們一直在思考這個問題。我們力圖從政府的各種教育改革政策、學界的行為入手來理解中國教育和知識界的局面，但很難找到一個令我們信服的理由。就教育部門來說，每出台一個政策，其都能找到很大的合理性，洋洋灑灑，都是為了推進中國的教育和知識事業。但是，每一政策的實施則和政策的意願有很大的距離，很多場合甚至是背道而馳。教育者和學者也一樣。

他們都是莫名其妙地為各種外在的力量（無論是政治上、經濟上的還是社會上的）牽着鼻子走，在一些場合是被動的，在一些場合是主動的，但結果又是怎樣呢？很多方面的目標都達到了，唯獨他們的職業對他們的要求沒有達到。而社會呢？社會沒有參與教育部門決策的討論，對很多政策，社會只能被動接受。一旦當政策對自己產生負面效果的時候，社會也就只會憤怒。社會對教育界的不滿尤其明顯，花了那麼多錢把孩子送到學校，但學校培養出來的是甚麼樣的人才？教育政策部門、教育者和社會三者現在處於一個惡性互動過程之中。

　　為甚麼教育改革達至社會對教育部門和教育者失去了信心的地步？這裏的因素當然非常多。我們想從教育哲學的角度來透視中國的教育問題，因為我們相信教育哲學是其中一個最重要的甚至是關鍵性因素。我們在考察西方世界或者其他國家近代教育制度興起的背景時發現教育哲學的重要性。在很大程度上說，整個近現代教育制度的確立實際上源自一種新的思想，也就是教育哲學。相比較而言，中國目前所處的困境也是一種思想的結果。這就意味着，要改變教育體制，首先就要改變教育哲學。如果不能改變這種教育哲學，那麼任何有意義的體制變革都將是不可能的。改變教育哲學也就是思想解放的問題。實際上，

這不難理解，中國其他方面改革的成功或者進步都是思想解放的結果。教育領域沒有思想解放，也因此沒有甚麼進步。當然，也必須強調的是，思想解放不僅是對執政黨及其政府決策者而言，更是對知識界而言。

中國教育界和知識界缺甚麼

討論教育哲學要從教育界的認同和邊界開始。中國傳統上有沒有教育哲學？當然有。我們初步翻閱了一下，發現這方面的論著數量還不少，論文尤其多。但是，使我們困惑的是，儘管大家都在研究和談論歷史上一些人物的教育哲學或者思想，但大家都不能很清楚地回答「這是誰的教育哲學」這一關鍵問題。我們在談論的是教育家的教育哲學，還是政治家的教育哲學，還是商人的教育哲學？或許有人會說，這一問題很簡單。不過，對這一問題的重要性不是人人都明白的。我們覺得這既是一個認同問題，也是一個邊界問題。

認同問題很重要。認同問題要回答的是「我是誰」的問題。當我們談論教育的時候，我們是作為一位教育者和學者，還是一位政治人物或者商人？站在不同的立場上，就有不同的答案，因為這些是不同的社會羣體，其背後的

利益是不同的。例如，知識分子的利益是更多的知識，政治人物的利益是更多的權力，而商人的利益是更多的經濟利益。每一社會羣體從自我利益出發，對教育哲學就會有不同的理解。因此，如果沒有這一認同，那麼就會產生角色混亂的現象。邊界的問題也同樣重要。既然不同的羣體有不同的利益，那麼邊界的重要性應當不難理解。政治權力有其邊界，知識領域有其邊界，商人有其邊界。儘管權力、知識和經濟都是同一社會的不同方面，但它們之間必須具有邊界。如果邊界混亂不清，那麼就會產生它們之間的關係的高度緊張，例如權力和知識之間，商人和權力之間，商業和知識之間等等。

這裏更應當強調的是，認同和邊界對知識界尤其重要。知識界或者知識分子最重要的特質就是專業，最重要的品德就是專業主義。專業和專業主義不僅僅局限於知識領域，例如政治和商業也都可以視為是專業。德國社會學家韋伯（Max Weber）就把政治定義為職業，強調職業政治家的重要性。不過，無論中西方，當人們說「專業」的時候，更多的是指和教育訓練有關的領域。知識界是一個特殊的領域，很多人都可以去從事政治或者商業，但不是每一個人都可以從事知識創造。在知識領域，專業主義要通過長期的訓練和培養才可形成。

實際上，「專業」這個概念的起源指的就是基於教育之上的職業，為社會的其他領域例如政治和商業提供專業性服務。既然知識界也是社會的有機部分，那麼向其他領域提供服務成為必需。但要指出的是，提供服務並不意味着這個領域要依賴於其他領域。在西方，古典意義上，歷史最悠久的專業是神學、醫學和法律。這些領域的專業人員當然是教育的結果。19 世紀以來，隨着技術的進步和職業的分化，專業也越來越多。但不管甚麼樣的專業，都是教育的產物。

　　也正因為和教育有關，「專業」往往具有以下一些獨特的特徵。第一，規制性。專業由法規來規制，法律規定專業團體所要履行的責任。對專業團體來說，這是一種外在邊界的劃定，就是和其他社會羣體的關係。第二，自治性。專業團體享有高度的自治權，來管理其內部事務。知識領域既然是一個特殊的領域，那麼其必須發展出符合其自身特殊性的自治方式。第三，聲望。專業團體成員因為其所擁有的知識一般享有崇高的社會聲望。這個特點也表明，知識領域社會責任的重要性。因為社會對知識羣體的信任，這個團體較之其他羣體更有能力對社會造成影響。第四，和聲望相關的是專業的權力相關性。權力包括兩方面，一是內部的，即專業團體對其成員進行管理的權力；

二是外部的，即專業人員對其他社會領域的人們的行為施加影響（在人類歷史上，知識既為人類帶來福利，也為人類帶來災難。知識的權利和責任的關係是一個非常重要的課題，當另文論述）。

所有這些特徵是從知識的認同和邊界衍生而來的。正如政治人物追求權力，商人追求利潤，教育界或者知識界追求的是知識的傳授和創造。儘管這些社會領域也是互相關聯的，但每一領域都有其獨有的產品，通過其產品和其他領域發生「交易」，即關聯。很顯然，每一領域總有一種自然的傾向性去影響其他領域，追求影響力。

專業主義很顯然是「專業」的產物。專業主義的唯一目標就是把教育者和知識者每一個人的專業水平發揮到極致。如果從專業主義的角度，我們不難發現中國教育哲學的核心弊端在哪裏。今天的中國，中國教育界和知識界，除了專業主義，甚麼都不缺。很多大學以培養了多少政治人物、多少億萬富翁為榮。唯獨缺少的就是規定大學本質的專業主義。所以，中國無法回答錢學森之問，即「中國為甚麼出現不了大師？」道理很簡單，中國的大學的目標不是培養大師。

在 20 世紀 80 年代的改革開放初期，中國發生了一場有關「社會主義異化」的討論。這場討論對中國的改革產

生了巨大的推動作用，因為討論使人們明白了甚麼是社會主義，至少促使中國脫離了貧窮社會主義。今天，把「異化」這一概念應用到教育和知識界再也合適不過了。如果要進行任何有意義的教育改革，那麼首先必須回答教育界和知識界一些最基本的哲學問題，例如「甚麼是大學？」、「大學的目的是甚麼？」、「甚麼是大學應當做的，甚麼是不應當做的」等等。在大學的本質是「異化」的條件下，不管甚麼樣的改革都會無濟於事。

今天，最令人悲觀的是，因為有權力和利益的支撐，大學裏面甚至教育界裏面的很多個體（無論是官員還是教員）感覺到自己都在發展和上升。但是他們並沒有意識到，他們所處的整體教育制度正在快速地衰退，並且這種衰退的速度和大學（教育機構）所獲得的權力和利益是成正比的。就是說，大學（教育機構）所獲得的權力和利益越多，它們被「異化」的程度就越高，離專業主義就越遠。如果今天人們還可以討論「中國為甚麼培養不出大師」的問題，總有一天，人們就會失去資格來提出這個問題。

中國傳統教育哲學及其弊端

討論中國今天的教育哲學問題，迴避不了中國傳統教

育哲學問題。中國傳統的教育哲學是怎樣的呢？討論教育哲學不能過於抽象，而應當回答「誰的教育哲學」這個問題。這裏，我們首先應當關心的是教育者和知識界的教育哲學，因為這個羣體是教育的主體。無論是知識傳授還是知識創造，這個羣體的教育哲學是決定性的。那麼，傳統上，誰是教育者呢？

傳統道家有針對其弟子的教育哲學，但沒有發展出針對社會的教育哲學。道家強調個人道德的發展，但沒有社會教育哲學，主要有兩個原因。第一是道家對社會少有關心。道家嚮往的是與世界隔離的生活，這個羣體以山林樹木為伴。這就決定了這個羣體不可能發展出面向社會的教育哲學。道家因此是一種地道的人生或者宗教哲學。第二，道家也有方法論上的問題。道家關心自然世界，又堅持獨立個性，不依附權力和利益，從這個角度上看，道家是最有可能發展出知識體系來的。但實際上則不然。為甚麼？除了不關心社會現實之外，主要是方法論上的問題。知識體系來自主體對客體的研究，但在道家那裏，主客體是不分的。道教堅持人與自然的合一，從今天的角度看，這一思想非常具有現代性，甚至是後現代性。但因為主客體不分，道家沒有發展出自己的知識體系，尤其是和人類社會有關的知識體系。

和道教一樣，佛教也有針對其信仰者的教育哲學，但沒有針對社會的教育哲學。這和西方宗教構成了鮮明的對比。西方教育尤其是大學源自宗教，當然，從宗教到大眾教育，這是一個複雜和痛苦的過程。中國的宗教沒有演變出大學來。這裏只是指出這個事實來，並不是說這是中國宗教的錯。宗教的對像是社會大眾，但沒有發展出教育哲學來。從學術上看，這是個很有意思的研究課題。道教不關心社會，很容易理解。但佛教則是非常關心勞苦大眾的，為甚麼也沒有發展出教育哲學？這可能和佛教不是一種具有使命感的宗教有關。佛教強調「空」、「出世」等概念，滿足於現實，着眼於「來世」，這使得其不關心現實和改造現實，這和西方具有強烈使命感的宗教形成了鮮明的對比。

　　儒家是中國傳統教育哲學的主導者。儒家教育哲學有幾個重要的特點。第一，和關心自然世界的道家不同，儒家既不關心自然世界，也不關心外在世界，即「敬鬼神而遠之」。儒家不否認外在世界的存在，但對其也沒有甚麼特別的興趣。中國傳統沒有發展出「形而上」哲學，和儒家的這一態度有關。當然，也正因為儒家的這一態度，中國文化演變成為世界上最為發達的世俗文化。第二，儒家關心的是人們生活於此的這個世界。不過，總體上說，

儒家關心的不是解釋這個世界，而是改造這個世界。或者說，儒家是一種規範哲學而非實證哲學，它所關心的是「世界應當如何？」而非「世界實際上如何」的問題。第三，儒家強調通過政治權力來改造世界，因此把知識和政治、學者和政治家領域緊密聯繫起來，即「學而優則仕」。就是說，在儒家那裏，成為對國家有用的士大夫，就是知識分子和教育者的使命。第四，儒家的道德哲學消除了在個人、家庭、社會、國家和世界等領域的邊界。儒家把道德視為政治的根本，其核心就是「德治」。而「道德」寄存的基礎是家。因此，儒家強調「國之本在家」。這樣，把家庭倫理和社會道德和國家治理聯繫起來。「修身、齊家、治國、平天下」，從個人到家到國家，它們之間沒有任何邊界。儒學經典《禮記·學記》把教育的社會功能概括為十六個字：建國君民、教學為先，化民成俗、其必由學。

着眼於現實政治世界，着眼於政治權力，着眼於人才教育，這些因素使得儒家成為世界歷史上最為發達的政治統治哲學。中國傳統社會的「士大夫」階層是最職業和專業化的。不過，同時儒家的教育哲學對中國教育和知識生產本身造成了很多影響，導致其出現很多問題。

第一是規範性教育哲學，而非實證性教育哲學。儒家過於強調「應當怎麼樣？」使得其在很多方面過於理想，

不考慮其所提出的理念能否在現實世界實現。在儒家那裏存在着一個非常深刻的內在矛盾，那就是，一方面有強烈的意願改造社會，建設一個好社會，另一方面因為僅僅從規範出發，對現實社會到底是怎樣的沒有深刻的認識，結果儒家改造社會的努力往往很成問題。在沒有對現實世界作解釋的情況下，又如何能夠改造世界呢？儒家教育哲學沒有發展出能夠解釋中國社會各個方面的知識體系來，哲學始終停留在規範層面，和現實社會並無多大的關聯。尤其是當現實社會的發展不能吻合儒家的理想時，士大夫階層不是隨時修正自己，更多的是積極干預和阻礙社會變遷。儒家缺少社會進步觀念，其自身的變遷往往遠遠落後於時代的變遷。

第二，儒家的教育過程過「硬」。儒家強調教育沒有錯，但儒家的教育過程是一個非常艱難的過程。理論上人人可以成儒，但實際上只有極少數人可以成為儒。一個人的「儒化」的過程，也就是儒家的灌輸過程，顯得非常「硬」。這個過程遠比在西方個人宗教化的過程要困難得多。西方的宗教是針對大眾的，而儒家的對象是精英。西方人稱儒家為「儒教」顯然不是很精確，因為儒家充其量是「精英宗教」，或者更確切地說，是一種意在塑造政治精英的「宗教」。

第三，與之相關，儒家所提倡的「有教無類」那麼先進的思想並沒有在中國開花結果。和西方相比，中國文化中並不強調民族、種族、宗教、階級等等在西方決定一個人身份的因素，而是強調教育在塑造人的過程中的作用。在中國，社會成員只有「受教育」和「沒有受教育」之分；進而，每一個人不僅有權利接受教育，並且也能被教育好。但為甚麼中國傳統沒有發展出類似西方的大眾教育呢？這和儒家社會化過程的困難有關。西方從中國學到「有教無類」的教育思想，並很快孵化出大眾教育的思想。西方的宗教是面向大眾的，「有教無類」非常吻合西方的宗教精神。

　　第四，更為重要的是邊界和專業主義問題。知識應當是沒有邊界的，甚麼東西都可以成為研究對象。傳統儒家教育哲學是有邊界的，即着重於政治或者統治哲學，而忽視其他方面的研究和教育。另一方面，儒家教育哲學則沒有確立知識的邊界，尤其是和政治領域的邊界。它強調學者對政治的參與，政治和學術之間沒有建立起邊界，經常導致學術和政治之間的關係過緊。從知識體系確立和發展的歷史看，知識的邊界問題非常重要。知識的目的就是知識，就如資本的目的就是更多的資本、政治權力的目的就是政治權力一樣。因為邊界的缺失，儒家也沒有發展出強

烈的專業主義精神來。儒家知識分子的功利主義精神過於強烈，沒有「知識的目的就是為了知識」的專業意識。

第五，缺失獨立性。沒有對知識的認同，沒有明確的邊界，這使得儒家缺少獨立性。在沒有自身的知識體系的情況下，儒家主要想依靠君王來改造世界，這導致了對權力的過度依賴。沒有獨立性也就不能形成知識分子的自治羣體，這對知識分子這個羣體和其他領域的關係的影響很大。對王權而言，知識羣體是個依附型羣體。這個羣體千方百計想為王權提供有用的知識，但實際上，其所提供的知識實在很有限。很多場合，儒家所提供的僅僅是「統治術」。對其他社會羣體而言，儒家往往把自己道德化，在很多場合演變成訓斥人的哲學。儒家哲學裏，社會是具有等級的，即士、農、工、商。儒家把自己放在首位，而這個「首位」主要是儒家認為本身掌握了社會所需要的道德。對社會而言，儒家也沒有進步觀。儒家主要着眼於根據現存的條件優化統治方法，這裏面是沒有進步觀的。儒家強調統治者要根據現實而變化，但儒家裏面是沒有追求變化的因素的。因此，儒家也歷來被視為是一種保守哲學。

儒家的保守性也影響了其和其他知識羣體的關係。正如英國學者李約瑟（Joseph Needham）的研究所展示的，中國歷史上也有輝煌的科技成就，但是中國的科學實踐知

識沒有演化成科學知識體系。更有意思的是，在其他社會，科學知識往往總是積累的過程，也就是一直往前走的，累積到一定程度，就會出現科學知識的大突破，但中國的科學知識往往出現退化的現象，也就是往後走。實踐知識不僅沒有積累，往往被毀掉。為甚麼會這樣？這裏的因素很複雜，但有一點非常關鍵，那就是以儒家為核心的統治哲學。當儒家或者儒化的官員（士大夫階層）看到一種技術或者技術知識會導致變化，影響其心目中的道德政治秩序的時候，他們必定和王權結合起來共同反對之。

上面討論了作為知識羣體的儒家的教育哲學。那麼，社會上其他羣體有沒有教育哲學呢？中國的政治領域或者政治人物也有教育哲學。傳統上，王權是有教育哲學的。這裏首先應當指出的是法家。法家往往是統治者。法家積累了非常豐富的實踐知識，也有比較系統的知識體系，但和儒家比較，法家並沒有申明自己的教育哲學。

不難理解，王權的教育哲學的核心就是維持其統治。皇帝在統治社會時往往是儒法並用，用今天的話來說就是軟力量和硬力量並用。儒家可以說是軟力量，而法家是硬力量。儒家之所以能夠成為王權的意識形態，是因為儒家接受了王權的改造。早期儒家，尤其是在孔孟時代，是非常獨立的，這些儒家的先驅周遊列國，推銷自己的治國理

念。在這個過程中,他們不畏權勢,具有非常強烈的批判精神。皇帝當然會不高興,在儒家和王權之間經常呈現緊張關係。秦始皇的「焚書坑儒」就是這種緊張的表現。後來為了適應王權的需要,儒家開始接受改造,把自己改造成為王權服務的知識體系。在改造過程中,儒家也強調講真話,但因為儒家對王權的高度依賴,講真話在理論上可以,在實際政治生活中講真話的空間很小,甚至不可能。真話能不能講,有沒有用,主要取決於皇帝本人。在一些時候,例如宋朝,皇帝願意和士大夫階層分享權力。但在更多的時候,士大夫階層講真話甚至會招致殺身之禍。培養一個「聽話」的士大夫階層是王權教育哲學的核心。

中國的商人也沒有教育哲學。商人在傳統的士、農、工、商階層等級中處於最後一位,其沒有也不被容許發展出其自己的教育哲學來。商人階層子女的教育問題也是儒家所承擔的。中國的王權發展出了很多方法來消解來自商人的挑戰。首先是把商人放在社會等級的最底層。一旦商人致富,就會要求他們收買土地、官職等,以免商人積累過多的財富對王權構成威脅。同時,商人也被灌輸「學而優則仕」的思想,把接受儒家教育視為其子女的唯一出路。可以説,中國商人在教育方面沒有發揮一個重要作用,這和西方形成了鮮明的對比。

在西方，商人階層在教育哲學方面起着關鍵作用，可以從以下兩個方面來看。第一，促成了教育和神學的分離。西方在中世紀是神權時代，神學是知識體系的核心，當時所謂的教育就是神學教育，神學也是衡量一切的標準，但文藝復興徹底改變了這種局面。文藝復興之後理性主義興起導致了神學時代的終結。「終結」當然不是説神學不存在了，而是説神學不再佔據知識領域的主導地位。理性主義的興起有其知識背景，但商人階層的崛起極其關鍵。商人是最講究理性的，商業行為不能用神學來解釋。新興商人階層站在文藝復興的背後，是文藝復興的經濟基礎。第二，促成了知識和政府的分離。商人需要能夠支撐商業運營的知識體系，尤其是法律。同時商人也擔心政府的力量過大。知識和政治的分離對商人非常有利。知識界爭取和政治權力的分離，商人是背後的推動和支持力量。在西方，大量的教育機構，尤其是大學，都是私立的，這完全是商人的功勞。沒有商人的支持，西方難以發展出如此獨立的知識體系及其生產知識體系的機構來。

　　政治、商業和知識三者之間的不同關係構成了中西方不同的教育體系。在中國，知識領域沒有獨立性，成為政治權力的一部分。而政治的最高目標就是秩序，創造秩序和維持秩序。秩序就是保持現狀，不但不追求變化，反而

阻礙變化。在西方，知識界不僅獨立，而且往往和商業結成聯盟。和追求秩序的政治不同，商業所追求的就是永無止境的變化，甚至是革命性的變化。在這個意義上，哈佛大學經濟史學家熊彼特（Joseph Alois Schumpeter）把資本主義定義為「創造性毀滅」的過程。創新和進步是商業的特徵，正如秩序和穩定是政治的特徵。而知識是關鍵，知識既可以成為秩序的一部分，也可以成為變化的一部分。到今天為止，中西方教育和知識界仍然維持着這種差異格局。

中國近現代教育哲學

前文簡單討論了中國傳統的教育哲學，聚焦於儒家和王權。應當強調的是，我們並不想給傳統教育哲學下一個簡單的價值判斷。我們這裏主要是一種事實的陳述，討論和西方比較而言，中國教育哲學的一些特點。中西方不同的教育哲學產生的結果是不一樣的。從維持王權體系運作的角度看，中國傳統教育哲學非常成功。中國傳統文化沒有中斷，也和這種教育哲學有關。前面強調過，儒家是世界上最為發達的統治哲學。但如果從知識創新的角度看，儒家教育哲學就顯得過於保守了，導致了王權政體的簡單重複。

那麼，近代以來中國的教育哲學發生了甚麼樣的變化呢？近代以來，中國教育哲學的變化和政治社會的變化緊密相關。社會政治結構主要有兩個特點，一是分權，二是革命。這兩個結構特徵都為教育哲學的變化創造了條件。

　　首先是分權，即權力的分散狀態。清末以後，中國政治的一個最顯著的特點就是傳統王權的衰落，但新政權則沒有建立起來，這導致了權力的分散。和歷史上每次王權衰落一樣，權力的分散狀態導致了思想界的異常活躍。但這次知識界的活躍有其自己的新特點。傳統上，當王權衰落的時候，思想上儘管活躍，但還是在傳統的邊界之內。清末之後，則表現為傳統上王權主導的儒家不再是主導性教育哲學，向西方學習成為風潮。其次是革命，革命是為了建立新政權。那些致力於革命的政治力量需要新的知識體系的支持，它們也盡力訴求於新的教育體系和教育哲學。

　　這些變化也導致了知識界的變化，主要有兩方面：第一是知識分子作為相對獨立的市民社會群體的意識開始產生。晚清廢除科舉制度之後，知識界和政治權力之間的關係突然不見了，傳統上高度制度化的「學」與「士」之間的關聯中斷了，而新的關係則沒有建立起來。這種脫離對知識界的影響是深遠的，其中之一就是獨立意識的出現。第二是政治和知識之間的邊界開始產生。「五四運動」之後，

各種從西方輸入的知識體系相互競爭，政治力量對這些知識體系當然有所選擇，但這並沒有妨礙知識界對這些知識體系的執着追求。即使在蔣介石時代，這種政治和知識之間的邊界還是存在的。蔣介石建立的政權不可說不專制，但這個邊界是存在的。如果知識羣體干預政治，蔣介石政權會干預教育和知識界，甚至鎮壓。但如果知識界對政治不感興趣，政權對知識界並沒有過多的干預。這種新的發展給中國造就了新的教育哲學，造就了新的教育體系。多年的積累，到了西南聯大時期可以說是達到了頂峰。西南聯大集中了近代以來中國教育界最優秀的人才，也為國家培養出大量的人才。

可惜的是，這種近代以來的教育哲學並沒有真正在中國的教育界和知識界生根。前面我們有意識地比較詳細地討論了儒家的教育哲學，主要是因為要說明這種教育哲學仍然佔據當今中國的主流。儘管教育哲學的名稱和概念換了，但性質和內容沒有甚麼變化。

在一定程度上，馬克思主義在西方實際上是一種分析哲學，分析資本和社會問題的哲學。中國的教育體系沒有甚麼獨立性，只是政治行政系統的一個延伸。政治和知識界沒有任何邊界，權力還是傾向於控制知識。除了傳統上所具有的政治行政手段外，現在又有了更現代也更有效的

控制手段，即通過經濟利益的控制等。知識界沒有自己的邊界，也沒有自己的認同，仍然是一個依附型階層，要不依附政治權力，要不依附經濟利益。也就是説，知識界並沒有強烈的意識為了知識而創造知識，而是為權力和利益提供服務。在這樣的情況下，要有知識創造非常困難。

二、知識創新與中國高等教育改革

首先聲明一點，下文所講到中國高教改革存在的很多問題或者面臨的挑戰，這不是要否定中國高教改革的成就。我看過很多論述成就的文章和著作，這裏不講成就因為這方面講的人很多，而且很多人已經講得很透了，不需要我重複；也同樣重要的是，多講一些問題和挑戰，希望我們都能直面這些問題和挑戰，把高教工作做得更好。

中國的高等教育改革從 20 世紀 90 年代以來儘管也作了很大的努力，但似乎是屢戰屢敗。很多年來，中國社會對高等教育爭議不斷，不滿越積越多。1999 年擴招和「準」

產業化以來，各種問題更是層出不窮。實際上，教育改革已經成為政府和公眾最不滿意的改革。高等教育不僅滿足不了社會的需求，沒有培養出世界一流的大師（錢學森語），更重要的是，在很多方面，高教拖累了中國經濟社會的發展。

高等教育的成敗影響到中國未來社會經濟甚至是政治發展的方方面面，更影響到中國的文明程度。儘管整個中國社會已經有了相當的共識，即沒有改革，高等教育就不會有任何希望。但是高等教育究竟應該如何改革，社會共識尚未形成。這些年裏，所謂的高教改革也不少，但是越改越糟糕。很多人對高教改革已經完全失去了信心，這很容易理解，如果越改越壞，倒不如不改。

實際上，所謂的高教改革很多都名不副其實，是「折騰」，如果用近年來很流行的一個概念的話。一些改革完全是一些根本不懂教育的人的折騰，另一些則完全是由利益驅動的物質追求。不過，我們也不能虛無主義。如果高教要生存，要發展，還是需要改革。改革成為折騰，要不是因為所謂的改革者沒有好的改革思想，要不就是改革動機不純。要改革，就要對高等教育存在的問題有一個好的診斷。就像給一個病人看病，在對病因有準確診斷之前，濫用藥方反而會使得病情惡化，甚至導致死亡，過去的經

驗已經表明了這個趨勢。高教改革反反覆覆，不能給社會帶來正面效應，社會對高教改革失去信心，而社會的失去信心使得改革變得更加困難，一個惡性迴圈正在形成。一些高教官員抱怨社會對他們的不信任，我想這個不信任是他們自己引起的。

我認為，對中國高等教育改革所存在的問題不能僅僅從高等教育本身來透視。高等教育只是中國總體政治、經濟和社會制度的一個部分，或者說不存在一個獨立或者具有高度自治性的高等教育體制（甚至整個教育體制）。因此如果不能從總體制度出發來透視高等教育問題，就會既找不到問題的癥結，更難以發現解決問題的方法。

對高等教育體制的評價以及改革建議需要區分三類不同性質的問題。第一類是發展性問題，表現為教育投入不足，影響到師資、教學、科研；第二類是體制性問題，表現為資源配置，激勵機制，政府對高等教育的管理方式等等；第三類是政策觀念性問題，表現為混淆高教政策和一般的經濟社會政策，以經濟改革的方式推進高校改革，將市場化作為高校改革的方向和手段。政策觀念性問題經常導致改革政策的錯誤導向，而政策的錯誤導向進一步使得高教改革誤入歧途。改革越多，問題越嚴重，這三類問題都會影響到中國高等教育的表現，但是它們需要不同的解

決方法。基於中國政府對高等教育的重視，以及中國社會對高品質高等教育的強烈需求，從長遠來看第一類問題不會成為中國高等教育發展的主要障礙。就是説，這一類問題並不具有本質性，必須通過進一步的發展得以解決。相比而言，後兩類問題更加重要，它們是體制性和方向性的問題。增加投入可以逐步解決第一類問題，但是不能解決後兩類問題。所以後兩類問題應該成為我們評價中國高等教育、尋找改革建議的切入點。

這裏，我想從三個相關的方面來透視研究中國的高等教育，包括體制、人才（產品）和知識創新。體制關乎高等教育的治理，人才是高等教育的主要產品，而知識創新既和人才相關，但又是一個比較獨立的過程。人才是知識創新的前提條件，但是否有知識創新又是人才培養的關鍵。同時，知識創新也是高教自我提升或者説生產者的自我升級的需要。我認為，體制的治理過程，人才培養過程和知識創新過程構成了高等教育三個有機的方面。世界各國都是如此。需要説明的是，這三方面涵蓋了高教的主要功能，我自己對這些問題還在探索和研究過程之中，這裏只是挑一些我比較了解的主要方面來談一談，供大家參考。

高等教育管理體制問題

從管理體制的角度看，中國高教的兩個方面有突出的重要性，一是高教和其所依賴的行政管理體制之間的關係，二是高教內部的管理制度。20 世紀 90 年代以來，中國對過去建立的「蘇聯式」高等教育體系進行了很多改革，但是在教育管理體制方面並沒有重大的突破，很多結構性的問題繼續存在。

(1) 外部關係

首先來看高校的外部關係。外部關係主要有兩個層面，一是和政治的關係，二是和經濟的關係。

在中國，一個突出的問題是政府對高校的政治控制和管理導致高校的行政化，高校領導的官員化和高校人才培養和知識創新過程的政治化。

中國的大學校長、黨委書記首先是政治人物，而非教育家。這主要表現在高校的各級官員具有行政級別。行政級別不是高校內部的行政級別，而是國家政府系統中的行政級別。在任何國家，高校內部的管理體制具有等級性，不可避免地具有行政級別，但中國高校的級別是和國家行政編制緊密聯繫在一起的，是政府的行政級別。這就表

明，高校首先是個政治行政單位，而非教育科研單位。這也就決定了，高校領導者的最重要的議程就是履行其行政職務所賦予的政治任務。追求高校的行政級別已經有很多年了。在 20 世紀 80 年代，北京的學院路名副其實，到處都是學院。但現在呢？一個學院也沒有了。這些學院都升級了，變成大學了。儘管高校改革非常困難，但學院升為大學，一點困難也沒有，因為各個學校的黨委書記和校長的積極性都很高。很簡單，對他們來說，改革等於升官。

作為行政官員或者政治人物，從政治角度來看，高校領導的任務和其他政府官員的任務沒有甚麼兩樣。一般政府機關需要學習一個文件的時候，高校也需要一樣學習；一般政府機關需要維穩的時候，高校也需要維穩。而培養人才和產生新知識就根本不可能提高到他們的議事日程上來。

不僅高校領導要搞政治，教員、學生也要搞政治。一所學校是政治單位，一所學院、系、所，甚至一個班都是政治單位。我每次回國，和大學教員、領導討論問題，每次都聽他們說學校政治，系所政治，就很煩。為了一點點小利益，大家互相鬥來鬥去。

大學校長和書記首先是政治人物和官員，那麼其次呢？我想，他們的第二個主要身份或者認同是商人和企業

家。這也不全是他們的責任，因為從財政的角色來說，國家對教育一直投入不夠，十多年之前就在說，對教育的投入要達到 GDP 的 4%，但到現在為止，剛達到 4% 這個目標。應當注意到的是，在過去的十多年裏，國家的財政收入取得了每年兩位數的增長。為甚麼財政投入到不了教育領域？這是我們應當思考的問題。

校長書記要去搞錢，就要搞專案。教育產業化、擴招、建大學城、借錢等等都是商業行為。中國高校的債務有多少？前些年說有 3000 億元。現在有多少，不太清楚。

校長書記對大學的管理也像官員對經濟和企業的管理一樣，片面追求發展的速度和規模，而忽視了高校應有人才培養、傳播和創造知識的功能，當行政化、政治化和企業化主導高教領域時，高教最重要的品質，即專業主義或者專業精神就失去了制度的載體。

高教體制與政治體制之間是何種關係？現有政府對高校的政治式控制如何影響高校的運作？高校和商業世界的關係怎樣？這些都需要我們研究。

要改革，就必然要去政治化、去行政化和去商業化。

去政治化就是政府要從政治式控制轉型到法治式管理。要說高校完全沒有政治，在任何國家都不可能。在各種政治制度下，政治總會以這樣那樣的方式來影響高教或

者整個教育系統。實際上，現代社會的教育系統承擔着很多政治功能。例如國民教育。

這裏也應當指出的是，在總體政治制度使用政治方法控制教育系統的時候，生活在這個系統的人也往往過分政治化。例如，高校裏的校長和教員應當是以自己的專業謀生的，應當追求專業知識的。實際上，並不是這樣。我們在外面經常看到，中國的一些學者不是因為其學術水準而出名，而是因為其對政治的批評或者對政府的批評而出名。還有一些學者則傾向於走民粹主義道路，即做明星學者：天天在媒體上高論，而沒有時間做學問。

這裏我覺得可以從歐洲的教教分離（即教會和教育）的過程中學到一些經驗教訓。近代高等教育最初是從教會發展過來。高等教育開始時只是教會的一部分。在歐洲這個分離過程很長很痛苦。現在我們所看到的終身教職即 tenure 制度最初的時候是為了保證教員不會因為對宗教經典的不同解讀而被解聘，現在的性質當然變了。教會和教育關係經過長時期的演變成為今天的樣子，是兩個不同的領域，對誰都好。在這個過程中，法治是關鍵。

在中國，要減低政治性，必須在法治之下，才能在政治和教育找到一個平衡點，讓政治和教育達到雙贏。在我看來，中國很多高校的政治性過強的主要原因在於外在的

政治控制。沒有外在的控制，高校內部就會產生一種自治的秩序。例如，在思想方面，各種思想之間就會做到互相制衡。對高校來說，百花齊放的秩序是最理想的。而對政治來說，主要在法律上規定哪些東西不可以討論就可以了（這裏要強調的是，世界上沒有絕對的自由，自由是有邊界的。即使在歐美，那些政治上被視為「不正確」的話題也是不可自由討論的）。

去行政化比較容易理解。高校的內部管理體制不可避免是等級性的，儘管較之其他組織，高校組織最為扁平。去行政化就是高校系統從國家的官僚系統裏面脫離開來。高校的行政級別實在沒有必要。到世界上其他國家看看，沒有哪一個國家的高校具有部級、副部級、局級等等。如果行政級別不去除，很難改革高教系統的政治行為和官僚行為。更為重要的是，這種制度有效地淘汰了領導人才。在中國，行政級別包含了太多的含義，工齡、黨齡、政治忠誠等等。在新加坡，一共四所大學，三所大學的校長是外國人。只要是人才，新加坡就可以使用。如果新加坡也強調行政級別，這就不可能發生了。

還有一個問題是去商業化。現在校長、書記、院長、系主任、教員甚至學生都要去搞錢。大學現在就像個商場。是否搞來錢似乎已經成為衡量所有大學成員的價值的

標準。應當説，這是社會上的 GDP 主義在大學的延伸。

錢的問題表面上看起來是學校的財政問題。因為財政不足才去搞錢。如果是錢的問題，那麼通過發展就可以解決。但實際上，中國在這方面現在已經變成了高教的商業文化。有很多學校，這些年已經搞了很多錢，有些學校錢多得不知道用在何處。看看中國大學的基礎設施，有很多甚至是發達國家所不能比擬的。很多教員也不差錢，很多人都有很多套住房。這種情況在國外有，但很少見。

在這方面，還有一點很重要的中國特色就是高校內部教員之間的貧富分化嚴重到何種程度。高校教員之間的貧富分化如果用基尼係數來算的話可能並不亞於社會羣體之間的差異。國外學校教員之間有差異，但不會那麼大，學校內部有收入再分配的功能。中國高校內部財政高度分權，各個院系（所）在賺錢方面的積極性發揮到了極致，但學校沒有再分配功能。在所有這些過程之中，中國的高教實際上已經演變成為賺錢和贏利工具，而其生產功能（即培養人才和知識創新）則被忽視，這一點我在下面還會涉及，這裏想説明的是，如果高校的這種已經高度制度化了的商業意識不糾正，那麼即使經濟再發展，國家給予的財政支持再多，都難以做到高校的去商業化。

（2）內部關係

在高教內部管理體制層面，有三種類型的關係需要討論，包括學校行政當局和教師之間、行政當局和學生、教師和學生之間的關係。這些方面，上文已經談到了一些。總體上說，因為行政管理部門的自我認同是官員，其對學校、教員和學生的管理方法和一般官員管理社會的並沒有實質性的差別。這些問題我在下文還會提到。這裏想談一下對大家談論得比較多的「教授治校」的看法。

對教授治校，我們不可片面理解，正確的理解應當是懂得高教的人來治校。並非每一個專業人才都會治校。在中國，哪一位教授在哪些方面取得了一些成就，就很可能要這位教員擔任領導職務。這是中國的悲劇，是浪費人才。很多專業人才喜歡的是科研工作，而不是領導職位。大家可以看看國外的學校。那些把學校搞得很好的校長不見得是學問做得很好的。同時，在一些方面取得了很大學術成就的人來當校長的案例也不多。院長、系主任，這些不重要，大家要輪流當。

在中國高教目前錯綜複雜的情況下，我倒覺得需要一些懂教育的具有政治家甚至企業家精神的人來改造學校。

高等教育人才培養問題

要講的第二個問題是中國高等教育的人才培養問題。我們可以把高教理解為一個生產過程，最主要的產品就是人才。這方面，存在着兩個重要的問題，一是高等教育的產品在總體社會經濟發展中的定位；二是生產人才所需要的資源。

在任何國家，高等教育的首要目的是培養適合社會和經濟發展需要的人才，即教育產品。為了實現這個目標，需要合格的師資力量、合適的教材／課程、足夠的科研設備。中國目前在人才培養方面存在很多問題。高校畢業生的就業能力不夠，甚至是大量的失業，同時高教系統又無能力培養中國產業升級所需要的技術工人。就是說，一方面大學生找不到工作，另一方面是企業找不到有用的人才。企業找不到有用的人才已經嚴重阻礙着中國在全球生產體系中追求附加值的能力。我去珠江三角洲幫調查，發現那裏的大部分企業三十年前開始使用農民工，三十年之後還在使用農民工。亞洲「四小龍」尤其是韓國和新加坡一般是十年左右產業升級一次。中國產業得不到升級，其中一個重要因素就是教育。中國的教育是世界上最產業化的，但又是和產業最沒有關聯的。就是說，高教和產業發

展是嚴重脫節的。

這裏，關鍵在於高教改革的定位錯誤。中國的工業化仍然處於早期，中國應當參考的是發達國家早期（尤其是德國和日本）和後來「四小龍」在經濟起飛期間的高教模式。但有關部門參考的則是發達國家現代的模式。新加坡到現在為止重點還是在技能工人的培養，大學數量還是很少，大多數都是技術學校。

在很大程度上說，中國的高等教育不僅沒能培養有用的人才，反而演變成為一個浪費人才的過程。我也觀察到，大學生和農民工的工資拉平的現象。這肯定是個不好的現象。倒不是說農民工就不如大學生，而是說中國大學教育的失敗。花了四年的時間、投入了那麼多的資源，培養出來的人和農民工搶工作，這是說不過去的。怪不得最近這些年有高中生開始罷考（不參加高考），我想這是對的。

為甚麼會發生這種情形？這和 20 世紀 90 年代中期以來高等教育的結構調整密切相關。高校合併風過程中，各地求大、求全，認為學校規模越大，教育品質越好。我到現在為止還不理解「學校規模越大越好」的思想是從哪裏來的。有人說是一些領導人從國外考察得來的經驗，可是我們在國外找不到這樣的例子呀！國外的大學有大、有

小，但沒有人說越大越好。大學不是規模經濟，很多優秀大學都很小。我讀博士的普林斯頓大學就小得可憐，一個賺錢的學科都沒有，沒有醫科、商學、法學等等。但普林斯頓大學是美國最有錢的大學之一。我想，中國的大學合併風是向企業改革學的，但只學了企業改革的一半。朱鎔基任總理的時候，中國的國有企業進行了大規模急進的改革，就是「抓大放小」，這個改革很有成效。高教改革者也把大學視為國有企業了，來了個「抓大」，把一些高校生硬地合併在一起，做大了。這對當時各地都是一個政績。但是，沒有「放小」的過程，如果高校當時也有個「放小」的過程，今天的局面就可能不是這樣了。

高校「抓大」的結果就是：快速地合併與擴張導致了教師品質跟不上，學科建設跟不上，科研設備跟不上。就是說，培養人才的硬體根本跟不上。所以有人說，七八條破船是拼不成一艘航空母艦的。這是有些道理的。「抓大」之後，很多高校簡直就成了搞政治的場所，領導班子得不到整合，不團結。我想，很多學校到現在還沒有解決這個問題。

在高校「抓大」的同時還有一個潮流，就是追求高校行政級別的升級風，即前面說過的學院升級成為大學。這造就了千篇一律的「綜合性」大學，並成為主流的辦學

模式，有特色有專長的技術教育受到忽視，趨向衰落。在二十世紀五六十年代，為了滿足國家主導的工業化的目標，中國實際上建立了一套以培養學生技能、技術為主的教育系統，很多專門學院都是在那個時代建立的。但是現在這個系統已經不存在了。如果從國家的工業化和經濟社會發展水準來看，中國真正需要的就是專門技術學校。改革開放之後，我們學西方，但只看到大學，忽視了專門學校。例如在波士頓，有些專門學校的學費可能要比哈佛大學還要貴，但培養出來的學生的收入也會比哈佛大學畢業生高。我也到意大利去看過，發現那裏的技術學校非常好。意大利現在是歐洲中小企業發展得最好的國家。

中國現在的情形是，高端技術有一些，低端技術過低，而中間技術缺失。這是這個教育制度安排的產物。中國的一些高端技術甚至可以和發達國家競爭，在一些方面超過發達國家也並不為奇怪，只要國家動員足夠的資源，高端技術可以得到發展，蘇聯就是一個很好的例子。低端技術過低，我到全國各地去，會翻翻當地的報紙，非常留意有關技術學校培訓的消息，所謂的技術培訓就是 10 天到 2 周時間就夠了，這不叫技術。如果我們觀察一下每一個國家的技術分佈（也因此是知識的分佈），高端的是少數，最大量的就是中間技術。這部分是製造業和民生經

濟。世界上最大量的技術創新和改進也發生在這一領域。而現在中國缺乏的就是這一塊。

新加坡的李光耀先生曾經說過，中國如果不建立很多技術和技能學校，工業升級不太可能。我非常贊同這個觀點。中國現在所需要的不是北大和清華，而是能夠為國家的工業化和經濟發展培養技術型人才的學校。深圳在搞南方科技大學，從高教改革的角度看，非常好。但如果珠江三角洲要實現產業升級，可能要強調的是技術技能學校，而非大學。

這裏要強調的另外一點就是，民辦／私立高校並沒有真正享受到市場化改革的好處，過多過嚴的行政控制阻礙了它們發展有特色的教育，限制了它們促進靈活就業的優勢。

總之，中國從求專求精的蘇聯辦學模式走向另外一個求大求全的極端。目前存在的很多問題都和中國片面求大、求全、求行政級別的辦學模式有關，因此需要深入研究高等教育的結構佈局，從這個角度找出高等教育資源配置不合理的真正原因，使教育真正以教師為本，以學生為本，為人的發展服務。

還有一個問題是培養人才所需要的資源。我想，在中國現在這個階段，資源主要不是錢的問題，而是軟體問

題，也就是前面所說的管理體制的問題。可以舉一個中國自己的例子，即西南聯大。西南聯大的時候，中國窮得叮噹響，戰亂，沒有社會秩序，還有蔣介石政府的專制統治，可以說，當時沒有任何條件來培養人才。但事實上，西南聯大時期是中國近代以來培養人才最多的時候。西南聯大師生中後來出了 8 位兩彈一星元勳，約 170 位中國科學院或工程院院士。其中著名校友中更包括後來獲得諾貝爾獎的楊振寧和李政道等世界級重量學者，涵蓋了科學、工程和人文社會科學等各個學科。

我自己覺得西南聯大在那麼艱難的條件下的成功主要是軟體，即學校的自治。自治就是懂教育的教育家辦學。只要高校不去觸動政權和政治，政治也不會找上門來。當政治無處不在的時候，學術思維就沒有了任何空間；當思維沒有了空間，人才培養從何談起呢？

除了政治上的因素，現在還有商業因素，就是前面所說的學校內部的商人特色。我們的教員現在培養出來了甚麼樣的學生？不能說教員的水平不行，主要是體制不行。這個體制迫使他們把重點放在賺錢上，而非教導學生。當一位導師（無論是碩士還是博士）被容許帶幾十位學生的時候，沒有人會相信他們能夠培養出人才來。這方面，你們要比我了解，不再多說。

高等教育知識創新（官僚化教育評審制度）

關於高校的知識創新問題。高校除了培養人才的功能之外，還應該成為知識和科技創新的一個重要基地。中國高校目前這方面的表現很不理想。一方面改革近四十年來，沒有出現社會公認的學術大師；另一方面，在科技創新方面，高校也沒有發揮領導作用。

中國工程院院士李國傑教授曾經很形象地把「科學引文索引」（SCI, science citation index）稱之為「愚蠢的中國式觀念」（stupid Chinese idea）。SCI 的原意是要幫助科研人員有效獲取文獻資訊，但引入到中國之後逐漸演變和異化，到今天已經成為學校排名、科研專案評審、科研申報、科研人員評價獎勵等幾乎是覆蓋所有科研領域最重要甚至是唯一的評價標準。但實際上，情況要比李教授所言嚴重得多。考慮到類似的評審制度已經滲透到包括人文社會科學在內的所有教育活動領域，如果各種異化了的官僚化評審制度得不到糾正，長此以往，就會使得中國人變得愚蠢，永遠培養不出一流的人才，國家也永遠成不了一流的強國。

在西方，科學評審明明是科學研究的一部分，但一到中國就馬上異化了，原因可能再也簡單不過了，在西方，

這樣那樣的評估體系只是科學研究者們方便和促進科學研究的工具。但在中國，它們則成了教育部門衡量一切的有效武器。就是說，它們已經不再是研究者羣體本身的工具，而是教育部門管理學術研究的一項制度安排。

也很顯然，類似的評審制度不僅僅局限在科學研究部門，也發展到了其他所有教育和研究活動。例如這些年紛紛流行開來的教育考核制度。教育考核很多國家都有，但這些都是要專業人士來確定和推行的。但在中國，各種考核都是教育部門決定、教育部門推行，加上中國的教育資源的大多是教育部門來分配的，教育評估者和資源配置者的合一導致了教育部門的權力過大。一些地方出現一大羣校長和教授圍着教育部門派來的一個小官員團團轉的事情，部級官員圍着處級甚至科級官員轉。儘管這樣的事情使得中國的校長和教授們蒙羞，但在這個制度環境下非常能夠理解他們的行為。因為教育部門的一言一行決定了學校的等級和所能獲得資源的多少，校長和教授們要取悅的並非某個小官員，而是金錢。

類似的評審制度多得出奇，不可勝數，如職稱的評審、博士點、教育基地的設置，等等。教育部門能動性很高，樂此不疲地從西方引入各種評審制度；如果西方沒有的，他們也可主動創新。因為這些既是權威的象徵，同時

也涉及到巨大的經濟利益。再者，長期以來，教育部門對西方引入的東西從來不加以懷疑的。在缺失自信的教育官員眼中，由西方引入的東西甚至已經有了道德的含義。他們根本就沒有考量到在西方是科學的東西到了他們自己的手中則成了反科學的了。人們往往只看到這裏面所涉及的經濟腐敗，但更為嚴重的是整體教育制度的腐敗。

教育部門把這樣那樣的評審制度套到中國，反而使得中國的教育和研究沒有創新能力。無論是科研制度還是科研評審制度的移植，在自然科學和工程學還説得過去，因為純科學有其普遍性。但到了人文和社會科學則毫無道理可言。

在社會科學，例如經濟學，中國的學者們一方面大叫現存西方經濟學解釋不了中國的經濟發展，但另一方面則繼續不加思考地把西方經濟學強加給中國學生身上。把解釋蘋果（西方）的理論套到橘子中國頭上，結果是不倫不類。

在馬克思那裏，知識分子擔負着雙重的功能，即認識世界和改造世界。很顯然，改造世界是以認識世界為前提的。很長時間以來，中國的知識分子一直在口口聲聲地要改造社會，但是如果連自己的社會是甚麼樣子都搞不清楚，還想改造它？中國的知識分子從來就沒有成功地改造

過中國，這並不難理解。

　　學習是一個再創造和創新的過程，而不是簡單地接受。社會科學就是解釋特定社會現象的科學。在學習西方和美國的時候，人們只學概念性的東西，而不是方法。

　　西方社會科學中概念性的東西都是西方社會科學家在觀察西方社會現象的過程中提取出來的。現在中國學者把解釋西方社會的概念，機械地應用到了中國，而不是用科學的方法來觀察自己的社會，通過這種觀察抽象出新的概念和理論。

　　很多學者只知道搬用西方概念，而忘記了去考察這些概念從何而來。要學習西方的是人家如何觀察社會現象，也就是方法，而不是人家觀察的結果（概念和理論）。

　　現在各種由西方進口的主義充塞中國社會科學研究。很多人都愛講這個主義、那個主義，但他們實際上學到的只是形式和概念，而沒有學到西方社會科學的本質。

　　可以毫不誇張地說，現在的國際社會科學理論中沒有一個概念是和中國相關的，更不要說是理論了。今天人們所看到的大多數社會科學家和思想家，都是歐洲轉型的產物。就是說，他們的學說和知識產生於對歐洲轉型的觀察和研究。

　　中國的轉型是人類歷史上最為巨大的，但到現在為

止，沒有產生一個和中國轉型相關的社會科學理論。中國的社會科學研究者如果光簡單地接受西方理論，就永遠建立不起能夠解釋中國社會現象的科學，或者中國社會科學。

要建立中國自己的社會科學，就要避免中國思維的美國化或者西方化。但事實上，西方化已經根深蒂固地被制度化了，因為西方的概念已經深深融入中國教育部門所主導的各種評價體系裏面了。

比如，運用西方尤其是美國社會科學的概念來分析中國的問題，這樣的研究很容易被國際主流社會所接受，因為這個「主流」是由西方來確定的。更重要的是，很多權威學術管理機構和學術評估機構都以美國為自己的標準，一篇文章只要發表在美國的刊物上，就是好文章。

因為自己沒有社會科學研究和評估體系，只好搬用他國的。但在搬用過程中，所建立的體系可以説是比美國人還美國化。西方的評估體系是開放的，具有競爭性，評審標準也與時俱進。

西方學界根本不認為存在着唯一的標準，因此其評估體系也是多元體系。但這套東西一旦到了中國，就具有壟斷性和封閉性。這是現有的教育和研究體制官僚化造成的。

西方的思維霸權在西方沒有建立起來，但在中國很容易就建立起來了。照這樣下去，中國永遠不可能實現真正

的理論創新，建立中國的社會科學更是遙遙無期。

對後發展中國家來說，在教育和研究發展過程中，政府的確應當扮演一個更為重要的作用。西方國家在數百年中確立起現代教育和研究標準。如果沒有政府的大力加入和推動，後發展中國家很難趕上西方發達國家。但是，政府的作用不應當理解成為政府官員或者教育官僚作用。

專業人士應當扮演一個比政府官員更為重要的角色，或者說政府官員應當配合專業人士而發生作用。德國政府曾經這樣做，日本政府也曾經這樣做，這兩個國家無論在教育和科研方面都處於世界領先地位。

如果不能對中國教育科研部門主導的評審制度進行深刻的改革，中國永遠會處於貧於創新和貧於思想的狀態。

所以，儘管中國似乎在知識領域發生着一場「全民研究運動」，即每一位研究者都在做研究，但是中國和世界在知識領域的差異正在拉大，並且拉大得很快。傳統計劃經濟體制下的科研體制曾經創造了一些了不起的科研成就（如兩彈一星），但現在這種傳統體制既不適宜，實際上也被徹底衝垮。新的科研體系的建設困難重重。中國提出科教興國已經有很多年了，可惜的是，情況不僅沒有好轉，反而在每況愈下。高教不改革，知識創新只是個夢想。

中國高教改革與「文憑病」

中東和北非阿拉伯世界發生「茉莉花革命」，對很多發展中國家來說，有很多經驗教訓可以總結。有人用民主化運動來形容這場運動。這場運動有爭取民主的因素，但這是否意味着這些國家走向民主化的開始，還需要觀察。人們不滿於舊體制，想推翻舊體制是一件事情，而能否建立一個新體制，這個新體制和舊體制有甚麼樣的關聯，又是另外一件事情。發展中國家不僅應當關切這些國家會往何處走的問題，更需要思考這場運動為甚麼如此有效。其中一個重要的因素，就是很多參與者都是受過高等教育的社會成員，這裏想着重討論高等教育對一個國家社會政治所能產生的影響，想說明的是一個簡單的道理：如果教育尤其是高等教育不能和一個國家的社會經濟發展水平相適應，那麼就會產生無窮的政治後果。

阿拉伯世界尤其是埃及在以往很多年裏，教育（包括高等教育）得到了很快的發展。但是培養出來的人學無所用，大量受過高等教育的人處於失業狀態，就業不足，而新畢業生找不到工作。他們所受的教育賦予他們很高的社會期望或者期待，但當他們的期望不能得到有效滿足的時候，就演變成失望，最終是對政府和政治的怨恨。在這次

運動中，受過高等教育者充當了「革命」的主力。

　　中國的情況不像埃及那樣嚴重，但在高等教育和社會經濟發展的脫節方面，非常類似。自 20 世紀 90 年代末以來，中國城市高等教育大擴張，越來越多的城市人口都能容易地進入高等教育系統，但同時因為教育的產業化，國家又沒有比較好的針對農村人口的教育政策，很多農村學生沒有財力進入高教系統。這樣就產生了很多負面且具有政治影響力的結果。

　　首先是文憑「含金量」減少。因為高教的大擴張，得到高等教育文憑的人越來越多，但文憑的附加值則越來越小，甚至是負面的。現在，高中生的工作被大學生搶走，大學生的工作被碩士生搶走，而碩士生的工作被博士生搶走。在中國還得加上博士生的工作被博士後搶走。這樣的情況可以概括為「高文憑，低就業」。其實，這種情況還好。更為重要的是，大學生不能找到有用的工作。一方面是企業找不到有用的人才，而自詡為國家培養人才的高等教育系統，其畢業生則找不到工作，導致大量大學生失業或者大面積的就業不足。在很多地方，大學生往往要和農民工競爭工作，而且競爭力不如農民工。這實在是對高等教育制度的嘲諷。

　　再者，在接受高等教育的羣體中，來自農村的人口越

來越少。這不僅僅是因為教育資源配置嚴重不公，農村學生不能接受和城市學生同等的教育，更是因為價格越來越高的高等教育，把那些學業優秀的農村學生排擠在體制之外。這不僅在加深着中國社會的不公平性，也經常使得這個被排擠的社會羣體越來越具有政治性。

那麼，為甚麼會產生這種現象？這裏的原因很複雜，但有幾個因素非常顯然。

首先是高等教育決策者對人力資源投資的片面理解或者錯誤理解。從 1949 年以前的「教育救國」到當代的「科教興國」，至少從理論上說，中國人一直很重視教育在國家發展過程中的作用。隨着社會經濟的發展，越來越多的人意識到要強化教育投資，尤其是高教投資。這便是高教擴招、大學擴張、大學升級的背景。但是，這裏面的問題其實是很大的。對教育的投入遠遠低於發達國家，甚至很多發展中國家。在高等教育方面，很多的教育投入並不是從經濟、社會、技術的發展來考量的，而是從政治穩定的角度。高教的擴張從哪裏來？一是產業化，就是從社會獲取大量的財力。在很多地方，大學已經成為大學就職者「尋租」的工具，也就是盈利的工具。（應當指出的是，從社會獲取教育資源並不是高教的社會化。真正意義上的社會辦學還沒有開始。）二是最便宜的投資，就是開辦那些

投入少而產出大的學科，尤其是人文和社會科學，培養出大量的只有「說話」能力而沒有「動手」能力的學生，導致了上面所說的「學無所用」的局面。

其次是高等教育改革的政策協調出了大問題。高教改革由教育部負責，但沒有和其他部門緊密協調。高教系統實際上變成為一個沒有和社會經濟發展部門相關的獨立的實體。在成功的國家，教育尤其是高等教育必須和這個國家的社會經濟發展緊密結合起來。人才並非抽象，而必須為社會經濟發展所需要。但在中國，教育系統更多是屬於政治範疇，屬於思想控制系統。其所強調的不是國家的社會經濟發展概念，而只是想着如何控制。在很大程度上，高校的屬性仍然是政治組織，和社會經濟發展部門相去甚遠。

教育部門的 GDP 主義更是扭曲了高教改革的目標。GDP 主義先在經濟領域盛行，很快就傳播到教育部門。在經濟領域，衡量黨政官員政績的指標是地方 GDP 的增長。延伸到教育領域，大學的規模和級別，畢業生的數量，教員所發表的論文數量、所申請到的各種基金、所指導的學生數量等等，都成為衡量一所大學好壞的「科學」指標。因為所有這些都直接地或間接地和金錢有關，GDP 主義就為大學的每一角色賦予巨大的動力和動機來追求數

量。學生品質及其和社會經濟的相關性則在這個過程中消失得無影無蹤了。

中國社會也能夠容忍這種情況。在文憑傳統的影響下，在很多人的意識裏，似乎文憑代表一個人的實際能力和實際作為。教育部門很有效地利用了這種社會心理，黨政官員領域的文憑風更是對此推波助瀾。「知識化」是中國幹部「四化」的重要內容（其他「三化」為「革命化」、「年輕化」和「專業化」）。不過，幹部管理系統把此簡單理解為「文憑化」。本科文憑已經大大不夠了，好像一個幹部沒有一個碩士文憑或者博士文憑就不可以成為好幹部。於是，幹部中間的文憑風盛行起來，導致了無數的假文憑的出現。

教育所能扮演的角色怎麼評價都不會過分，但應當搞清楚的是，人們應當接受相關和正當的教育。對高教系統來說，教育必須要和中國社會經濟發展緊密結合起來。在脫節的情況下，很難培養有用的人才。現在的情況就是這樣。因為脫節，教育已經嚴重阻礙着中國工業的產業升級。中國儘管早已經成為世界的製造工廠，但大量的產業工人數十年不變，都是農民工而非先進國家的技術工人。儘管中國一直強調技術引進，自己也有很多技術創新，但不能轉化成為生產力，因為工人技術水平很差。同樣一種技術由中國工人生產和德國、日本工人生產，附加值相差

很多倍。這也可以解釋為甚麼中國儘管有大規模的工業化和城市化，但中產階級規模得不到成長。原因很簡單。技術類型的產業工人是中產階級，而農民工不是。

在另一端，也是因為高教和社會經濟發展脫節，高教教員生產出大量但處於知識鏈條底端的知識（論文），正如農民工大規模生產着低附加值的工業產品，教授、學者數量急劇增加，他們的產量也在增加。但是，高教系統所重視的只是數量，而非品質。搞「科研」就像搞羣眾運動，科研資源極其分散，不能有效集中，也不能有效吸引人才。在這個過程中，表面上的人才培養演變成為實際層面的人才的「低品質化」。

在政治層面也是這樣。教育對政府當然很重要，尤其對文職官員來說。但是，如果強調過分，就會出現很多負面甚至是致命的結果。中國有很多歷史經驗，長達數千年的科舉制度並不能產生真正有才能的人才。科舉制度產生了一大批只會考試而沒有實際工作能力的「人才」。在封閉的情況，這些人才還有能力幫助朝廷統治社會。到了近代，一旦開放，他們就無能為力。這是科舉制度解體的最主要原因。但是，現在科舉制度又變相地回來了，如公務員考試，考的內容往往是一大堆虛的東西，很少有技術含量。有很多學者論證中國為甚麼沒有發生工業革命，為甚

麼沒有能力開近代化的先例？其中一個主要原因在於虛空的儒家學說佔據了主導地位，而忽視科學技術知識。

實際上，政府內部的「文憑病」甚至可以導致政權的解體。這裏，國民黨就是一個很好的例子。這當然不是說，教育沒有用處。很多受過高等教育者具有容易和社會脫節的天然趨向，往往活在自己的「想當然」世界裏，脫離社會，不知道社會實際上如何運作。他們往往從「社會應當如何」出發，很多改革經常過分理想化。很顯然，從受教育程度來看，不可能理解為甚麼民進黨能夠打敗了國民黨？有人說，這是因為國民黨政權內部的「博士病」。有太多的人持有博士學位，這個政權就不會牢靠。這並不是說，具有博士學位的人就沒有能力，而只是說必須具有制度機制來連接教育和實際政治世界。

在考慮中國的教育往何處走的時候，人們不得不總結以往的經驗和國際經驗。教育改革必須培養有用的人才，而非空洞的政治家。在很大程度上說，中國的高教改革如果再繼續在原來的道路上滑行，前面可能是死胡同。教育改革可能要「復辟」，要回歸到改革以前的體制，即重視技術教育。很多三本甚至二本的大學（編者按：收錄高考成績排後的第二批本科及第三批本科的院校）應當重新回歸成為學院和技術學校。如果不能建立起一大批技術和技

能學校，學無所用的現象還會繼續下去。高教系統所培養的學無所用的人才越多，產業升級就越困難，政府治理能力就越差，社會政治不穩定的風險就越高。

不管從哪個角度來說，高教改革任重而道遠。

第四章

中國知識體系的未來：解釋比改造更重要

在中國開始進入世界體系的時候，一些西方人說，中國和西方會是「同牀異夢」。但是在早期，因為中國還處於世界體系的底端，並不能真正和西方「同牀」，相互理解的問題還不那麼迫切。不過現在，中國從世界體系底端一步一步往上爬，至少在經濟方面來說，已經變成了世界第二。也就是說，中國開始和西方（確切地說，是和美國）「同牀」了。一旦「同牀」，無論中國還是西方，大家都覺得雙方互不了解。因此，很多矛盾甚至衝突就爆發出來。

正因為如此，中國政府決定下大力氣發展軟力量，向西方解釋中國。這當然有必要。但是關鍵的問題是中國還不能回答一個核心問題，那就是，「我是誰？」在不知道自己是誰的情況下，如何向西方解釋自己呢？如何讓西方世界了解中國呢？

一、建立中國自己的知識體系

首要任務是中國人要了解自己

中國的理論研究或者對自身的認識至少落後中國的實踐好幾十年。實踐前進了，理論還停留在原地。在很多方面，學術界甚至比「五四運動」時期有倒退。那個時候，中國還有很多同時精通中國和西方的學者，他們知道西方的東西不能隨便用來解釋中國，也不會隨意應用西方的東西。但是現在，精通傳統的人消失了，精通西方的人也消失了，同時精通兩者的人更不知道在哪裏？

要讓西方了解中國，首要的任務是中國人自己要了解自己。如何了解？這就要建立中國自己的知識體系。這裏對所謂的「本土化」要有一個正確的認識。中國很多學者完全在學西方，而另外一些學者則強調「本土化」，但對「本土化」的定義並不清楚。提倡「本土化」的學者看

到了不能用西方的概念和理論來解釋中國，這一點不錯。但是，問題是中國本來就沒有類似西方的科學傳統。本土化如果意味着簡單地抵抗西方，那也很難建立自己的社會科學。

確立中國的知識體系，但這個知識體系不是自說自話。任何知識體系必須是能夠和其他知識體系溝通的。這就意味着，我們要確立能夠和西方溝通的中國學，這就要求中國學者拋棄很多現存西方的概念和理論，返回原點，使用社會科學的方法重新觀察中國現象，在此基礎上再概念化和理論化。只有這樣，才可以有與西方交流的平台和交流的語言。也只有這樣，才能建設中國社會科學或者中國的知識體系。

建立中國自己的知識體系，並且是可以和西方溝通的體系，可能說容易，做很難。不過，這也不是一件不可能的事情。問題在於，中國的研究者必須具有這個意識。沒有這個意識，再過多少年也不會有中國的知識體系，更不用說是話語權了。中國研究任重道遠。

如何建立中國自己的知識體系

當然，缺少知識體系也不只是中國的問題，亞洲各國

都是如此。近代社會科學是西方建立的，這並不是說，亞洲各國不能建立自己的社會科學，只是說在歷史上沒有能夠建立社會科學。日本最有條件建立自己的社會科學，明治維新之後，日本成為亞洲第一個近代化的國家，其很多制度都是學習西方的。但很顯然，日本各方面的制度，包括政治、經濟和社會，和西方的制度相差甚遠。道理很簡單，儘管所有這些制度形式學自西方，但運作則在日本自己的文化環境中。日本是假裝「西方國家」的亞洲國家。這裏面有很多因素，例如日本本身學習西方的努力；日本在戰略上高度依賴於西方；日本經濟和西方經濟之間的高度依賴性。但最主要的是，日本只有「西化」的努力，而沒有建立自己社會科學的努力。當然，在這個背後的則是日本的知識界被西方尤其是美國所消化這樣一個事實。儘管日本也有很多社會科學家意識到西方的知識體系不能解釋自己，但力量很微薄，更多的社會科學家選擇的是簡單地接受西方的知識體系。

亞洲其他國家在知識體系上也都被西方所「殖民」。近代之後成長起來的學者（尤其是精英學者）都是受西方教育的，他們沒有意識來改造西方知識體系，更無意識來確立自己的知識體系。當然，在這些國家，也有一些學者有這個意識，但他們是絕少數。不過，除了日本，即使這

些國家的學者擁有這樣的意識，也沒有能力來這樣做。規模很重要，很小的社會很難建立起自己的知識體系。

從各方面的客觀條件看，建立亞洲知識體系的希望在中國。從數量上說，中國具有世界上最大的少數幾個研究群體。改革開放之後，中國的研究隊伍成長很快。尤其是這些年來，隨着國家財政能力的快速增強，國家對各方面研究投入的增長也很快。各種吸引人才的計劃也在進行。同時，中國的學術市場也足夠大，不像很多小國家建立不起自己的市場而要依靠國際市場而生存。更為重要的是外界的客觀條件，因為中國的經濟崛起，越來越多的海外學者，尤其是傳統上對中國不感興趣的主流社會科學界，也開始對中國顯示出無限的興趣。這不僅僅是因為中國在國際社會的影響在提高，他們需要了解中國，更是因為中國已經成為當代社會科學研究最大的實驗場所。現存社會科學概念和理論都是建立在西方的經驗之上的，或者說，社會科學是西方社會近（現）代化的產物。但是，和西方的轉型相比，中國當代轉型無論從規模還是深度來說，都是西方所不能比擬的。中國的轉型為社會科學界創造了可觀的條件來進行知識創新。當然，中國的發展經驗更可以檢驗所有現存社會科學概念和理論。

不過，這些有利的客觀條件並不意味着我們能夠建立

起自己的知識體系。相反，我們面臨非常嚴峻的局勢。很多主觀層面的要素嚴重地阻礙着中國朝建設知識體系的方向發展。中國的知識體系還沒有經歷過我稱之為「宏大的論述」階段。西方的知識體系自16世紀之後開始得到發展，在18世紀、19世紀得到長足的進步，到20世紀初基本完成。這個知識體系是建立在一系列「宏大的論述」基礎之上的，諸如馬克思、韋伯、杜爾凱姆、亞當‧斯密等等。這些「宏大的論述」者是那個時代的產物。今天，社會科學，尤其是美國，已經轉移到微觀研究。歐洲還繼續有「宏大的論述」的傳統，當代優秀的社會科學理論仍然出自歐洲社會科學家，但美國的研究主要轉向了微觀。微觀研究是美國人的優勢。不過，這裏我們要看到歐洲和美國的分工和合作。美國和歐洲同屬一個文化傳統。當代美國社會科學本來就是歐洲移民建立的，他們沒有任何困難把歐洲的知識體系移到美國。如果用學術化一些的語言來說，歐洲人建立假設，美國人來檢驗。這種分工和合作，一直相當有效。

很多跡象表明，中國的知識體系還沒有經歷過這樣一個「宏大的論述」階段就直接進入了微觀研究階段。並且，中國似乎沒有主觀條件再去做這樣一個「宏大的論述」。如上所述，中國自「五四運動」以來，就努力接受西方的

知識體系，也就是説早已經放棄了知識體系的論述。改革
開放之後，中國的社會科學過度美國化。現在的學者根本
就沒有「宏大的論述」的意識；相反，他們不覺得這樣的
論述有甚麼價值。他們往往用美國化的思維來研究中國問
題。實際上，這種應用性的研究並不是真正的研究，而是
用「蘋果」（西方）的理論來評判「橘子」（中國）。上文已
經討論過，這種情況不會得到輕易地改觀，因為中國學界
一切視西方美國為標準，並且把這些標準通過評審制度等
高度制度化了。這方面已經產生了巨大的既得利益羣體，
很難克服。

中國有沒有發展出自己的知識體系的可能？我強調過
了，具有很多有利的客觀條件。從歷史上看，中國可以也
能夠發展出自己的知識體系。這就需要很多的主觀上的努
力。歐洲的知識體系也是主觀的產物。知識體系是人類創
造出來的。我覺得至少可以從如下一些制度改革入手。

第一，政治和行政分開。對知識體系的創造來説，
政治和行政應當有不同的責任。對現行政治應當有個新的
定義。現在的政治是知識體系的阻力，因為其強調的是控
制。政治一方面要從知識體系領域撤出來，另一方面要為
知識體系的創造者造就有利的環境來進行知識創新。現在
的政治控制必須通過政治方法才能得到解決。要意識到，

知識體系是政治最重要的支持力量。傳統中國是這樣，西方社會也是這樣。中國當代政治的脆弱就是因為缺失知識體系。因為知識體系是人創造的，行政不可避免。高教、研究所、智庫等知識生產組織不可避免行政管理。撤出政治，強化行政有利於知識體系的生產。

第二，重新設計基金分配制度。如前文所述，現在的基金或者研究經費是實現政治控制的有效經濟手段。隨着國家這方面的投入增多，控制也會越來越多，越來越嚴厲。怎麼辦？我覺得應當把大部分研究經費作為工資分配給研究者。如果一個研究者 85% 以上的經濟資源來自工資收入，那麼他 / 她就可以做自己喜歡的研究，而不會為了求生存去申請研究基金了。同時，制度要透明化。這方面發達國家有很多好的經驗，不難學。

第三，設計中國本身的評審制度，去除極端西方化傾向。評審制度是需要的，但是要去除那些不利於中國知識體系生產的評審制度。在西方，評審制度本來只是研究者同行之間的事情，和政府毫無關係。並且，西方的評審制度是多元的，不同的價值和思想偏好的學者和其研究產品都能找得到自己的市場和平台。但到了中國，評審制度就成為組織控制其成員的機制。這就是說，要把評審制度從政治人物和官員手中移交給專業人才。再者，評審制度

的內容也很重要，可以通過內容管理來促進知識體系的生產。比如說，可以鼓勵那些有「宏大的論述」的作品的出版。

第四，更為重要的是，要提出知識體系創造這個問題，使得大家對此都有一個意識，有了意識才能自覺地去做。現在根本就沒有這個意識，大家照抄照搬西方知識體系，應用西方知識體系，並且以為就是掌握了真理，這種心態是知識體系生產的最大的阻力。有必要開展一場知識界的大討論，以達到一些最低限度的共識。中國不是沒有人才，也不是沒有客觀條件，而是缺乏知識體系生產的意識和動員機制。實際上，我們可以從西方的知識體系生產和發展過程學到很多經驗。我們的問題是本末倒置，花了大量的精力來學習和引進西方的知識體系，但完全忘記了西方的知識體系是如何創造出來這個根本問題。

中國「走出去」的現實路徑

中國現在缺失知識體系並不表明我們要等有了一個完美的知識體系才能開始討論「走出去」。實際上，任何地方，任何國家，並不存在一個完美的知識體系。任何知識體系都是處於變動之中的。知識體系的價值在於其解釋

現實世界的能力，而要解釋現實世界，知識的更新是最重要的。例如，西方的民主自由價值體系源自古希臘，但西方人並沒有抱着古希臘不放，並沒有言必稱希臘，而是做到與時俱進。人們可以看到，歷史上，有關民主自由的理論已經經歷了多次的演變。正是這種演變，才使得其擁有生命力。在每一個時代，總有人會宣稱某一個價值會是歷史的終點，但這些人最終都會被歷史證明是錯的。最近的例子是美國作家福山。在20世紀90年代初，他著《歷史的終結》一書，宣稱西方民主政治是人類歷史最後一個政體，在西方名噪一時。很顯然，這個觀點的政治價值遠遠超出其學術價值。很多政治人物拼命用這個觀點來批評非民主國家，但這個觀點很快就被證明為是錯誤的。現在，即使是作者本人也已經改變了其觀點。面臨新一波民主危機，越來越多西方人相信民主並非是歷史的終結（不過，應當指出的是，西方學術家對此觀點一直持有批評態度的批判也是西方的軟力量的組成部分）。

對中國來說，「走出去」的過程也應當是知識體系形成的過程。在前文的討論中，我們可以看到知識體系和話語權是兩個互相關聯但又可以加以分離的部分。知識體系是話語權的基礎，沒有知識體系就不會有話語權。但也應當看到，光有知識體系不見得就有話語權。話語權是一種

和「他者」的溝通能力。這種溝通能力至少可以分成三部分。首先，話語權就是讓「他者」了解自己。這是最基本的。如果「他者」不能了解自己，那麼其他的就無從談起。其次，話語權表現為「他者」對自己的信服。其三，話語權表現為「他者」對自己的自願地接受。這個過程説明了甚麼？至少説明，我們要在「走出去」的過程中來形成我們的知識體系，建立我們的話語權。

知識體系的形成不能走關起門來的道路。西方在近代知識體系形成過程中是實行開放政策的，包括中國在內的文明都對西方產生過很大的影響，中國文明的很多價值都被西方所吸納。同樣，中國的知識體系的形成也要實行開放政策。這裏至少有兩個因素。第一，中國本身儘管有深厚的人文歷史研究傳統，但缺少社會科學的傳統。社會科學對建立中國的知識體系很重要，我們需要學習西方確立知識體系的很多科學方法。第二，在全球化時代，封閉的知識體系已經成為不可能。全球化不僅僅是貿易投資，更重要的是知識的流通。從話語權建設方面來看，閉門政策會導致「自説自話」，就會缺失上面所説的溝通能力。開放政策有利於溝通能力的建設。

中國要「走出去」，而「走出去」需要有內容。那麼，在現階段甚麼東西應當「走出去」呢？根據我自己的觀察，

現實地説，在現階段，我們可以側重於中國故事的「走出去」。在西方或者其他地方，沒有多少人會相信中國自己製造的理論，因為很簡單，這些理論都是搬用西方理論的結果。但是，外界對中國的「故事」則很感興趣。西方學者一直驚歎於中國文明、歷史所積聚下來的經驗故事，更不用説是改革開放的成功故事了。強調「中國故事」就是要建設學界稱之為「中國敍事」（China narratives）的東西。對中國來説，如果能夠把「中國故事」講好就是一個了不起的成就。講「中國故事」並非容易。西方為甚麼有那麼大的話語權？主要是他們把西方的故事講得很好。很多價值觀是通過「講故事」表達出來的。你被一個西方故事所吸引的時候，也自覺接受了這個故事所包含着的價值觀。中國也必須這樣做。同樣需要強調的是，「中國敍事」或者講故事更適用於媒體，媒體在這方面可以和必須扮演一個重要的角色。而知識體系的構造則更適用於知識界。知識界的責任是在「中國敍事」或者「中國故事」的基礎上把經驗材料概念化、觀念化和理論化。我在前面已經強調過，中國現在所擁有的理論大多從西方進口，或者是應用西方概念、觀念和理論的結果，不能解釋自己的經驗材料，所以既不是自己的知識體系，也缺乏話語權。一種可以產生話語權的知識體系必須建立在中國自身的經驗材料

之上。這方面，中國的知識界和媒體需要通力合作。

最後，我也想強調知識體系和話語權建設的工具。在工具創造和使用方面，我們一定要改變「自力更生」的傳統做法。現在的情況是，甚麼都要自己來做，自己的人「走出去」，自己當自己的「推銷商」。但是這樣做的效果並不見得就好。中國可以參與到世界各國現存的媒體、研究機構和大學中去，採用一種間接「收購」的辦法。充分利用現有的平台要比自己重新做一遍更為有效。這裏當然要克服恐懼心理。平台是誰建立的不重要，重要的是為誰所用。中國如果自己要去西方或者其他地方建立很多自己的平台肯定會出很多問題，產生非常負面的影響，而通過各種途徑來使用現有的平台則會有效得多。

中國的話語體系建設的有效途徑和方法

（1）不重複西方的議題聯盟

在中國國際話語權建設中，中國不應該構建所謂的議題聯盟。西方推行其軟實力的失敗之處就是他們的民主同盟。民主和自由歷來就是西方世界在國際事務中的軟實力，西方把推行西式民主和自由作為自己的使命，甚至不惜到處使用軍事力量。民主在亞非拉國家並不成功。這是

因為西方國家在發展中國家推行民主的時候忘掉了西方式的民主是西方經濟社會發展和文化傳統的產物。很多發展中國家缺少有利於民主發展的文化，經濟社會發展水準低下，基本國家制度缺乏，民主沒有生存的根基。在這些國家，民主和經濟社會發展陷入了惡性的循環。同樣重要的是，西方在發展中國家推行民主往往並不是真正為了那裏的民主發展，而是為了其戰略利益。正是西方世界在全球範圍內推行西方式民主和自由，才導致了西方在發展中國家的影響力的衰落。

西方建立聯盟在全球範圍內推行民主的失敗表明軟實力是強加不了的，必須要能被國際社會的大多數成員自願接受，被不同的文化自願接受。中國在進行國際話語能力建設時要考慮目標羣體，即希望被哪些國家、哪些文化接受，但是不可以明確建立議題聯盟，不要與他國尤其是西方對立起來。中國的國際話語應該是一種能夠得到國際社會認同的價值觀，必須結合中國本身的經驗，在和外在世界（既包括西方世界，也包括發展中國家）的互動過程中產生。在確立自己的國際話語過程中，中國沒有必要排除西方和其他發展中國家的參與。如果目標是為了發展中國家的發展，那麼中國的國際話語必須是參與式和開放式的。西方所走過的單向的、意在把自身價值觀強加給他國

的路已經被證明是行不通的。參與式和開放式的國際話語既符合中國本身的發展經驗，也順應全球化這一大趨勢。

（2）加強中國模式的研究

那麼，在不建立議題聯盟的情況下，如何增進中國國際話語的滲透力和傳播力呢？如前所述，中國的軟實力必須要讓不同的文化接受，要讓別人自願接受，強制推行就不是軟實力了。每個文化都可以有自己的話語權。中國要做的首先是要回答好「中國自己的軟實力是甚麼？」這個問題。正如前文提到的，儘管中國的發展經驗對其他發展中國家有吸引力，但是因為中國沒有說清楚自己的發展模式是甚麼，沒有建立起自己的一個對世界有貢獻的思想和價值體系，反而陷入了西方的話語體系，因而沒有能夠為自己的行為和發展提供一個合理的說法。因此，中國要提高國際話語權，就必須首先明確自己的模式到底是甚麼。最近，有關中國模式的討論多了起來，但是深入的學術研究還是很少。學術研究是第一步，沒有這一步光是泛泛的政治說法不會有很正面的作用。動員大量的學術人才對中國模式進行研究看來非常有必要。

（3）從文化到政治

中國建設國際話語應該要區分文化話語權和政治話語權，文化話語權與政治話語權的建設與推廣要一步一步來。要先從建設文化話語能力開始，再進一步發展到政治話語權和其他方面。歷史上，西方國家國際話語權的建立和推廣是從宗教話語權開始到文化話語權再到政治話語權的。國際話語權的建立要有一個過程，不能一步到位、全面出擊，更不能強加於人。20 世紀 50 年代「四面出擊」和「四處樹敵」的那一套是完全行不通的。現在中國應該先注重文化話語能力的建設，比如目前在世界各地建立孔子學院推廣語言這種做法就是一個試驗。孔子學院大都只限於語言的教育，但正是因為只是一種語言的推廣，所以就不會被視為對西方文化構成直接的威脅，推廣的阻力也因此會相對比較小。當然，語言的推廣是不會直接轉化成文化話語權的，中國應該思考的是如何在這個基礎上一步步建立起自己的文化話語權，進而再發展到政治話語權的建設。

（4）孔子學院的轉型

在這個過程中，中國可以考慮逐漸把孔子學院從「大眾教育」（側重於語言學習）轉型成為「精英教育」（側重

於對中國的深入學術研究）。怎麼做？可以在完成了初步語言教育的基礎上把孔子學院轉型成孔子基金會。這方面中國台灣成功推行的「蔣經國基金會」可以效仿。孔子基金會可以設立各種項目，包括研究基金、獎學金和會議基金等等。中國可以成立一個專家委員會，有選擇地審批項目。這種側重於精英的方式遠較側重於大眾的來得有效。畢竟西方對中國的看法大都決定於那裏的媒體和研究人員。

（5）強調和西方的互補而非不同

在建設中國國際話語權的過程中，強調中國與西方在基本價值觀方面的互補和協調非常重要。很多人在考量構造中國軟實力時，總是把中國放在和西方競爭的位置上，強調中國與西方的不同，即中國特色。中國和西方的確有競爭的一面。如果中國需要自己的國際話語，那麼就必須和西方的行為區別開來。這就是競爭面。但另一方面中國話語和西方話語又具有很大的互補性，尤其從長遠來看。中國本身並沒有否認包括民主自由在內的西方價值的合理性，而更多的是強調西方民主自由價值不適合中國，因為中國和西方社會處於不同的社會經濟發展階段和文化傳統。同樣，在發展中國家，中國既不曾也沒有理由否認西方價值的合理性。中國強調的是民主自由等這些價值的實

現需要一定的社會經濟基礎。沒有社會經濟基礎,即使民主發生了,也不見得能夠是和平的和可持續的。

(6) 社會的參與

要啟動國內的話語倡議能力,就要讓更多學者爭論中國自己是甚麼這個問題。當前中國的政策體制上雖支持學者的爭論,但構建國際話語的方式過於以國家為主導。政府在推廣軟實力的過程中作用過大,但實際效果並不理想。比如媒體的「走出去」政策,新華社等媒體用非常急進和強勢的方式在世界範圍內推廣中國的軟實力,這些努力似乎不但沒有消除其他國家的疑慮,反而在加深他們對中國文化「擴張」的不安。因此,這種做法是不可持續的。

國際話語構建和軟實力崛起的主體是社會,而不是政府。中外都如此。在構建國際話語的過程中,政府與社會要配合,要確保在國內首先達成共識。要達到社會共識,「少爭論」路線應當得到修正。如何通過大爭論來達到社會的共識,確立社會的共同價值,這應當是執政黨宣傳和理論部門改革的重要內容。推廣中國軟實力的社會力量既包括國內社會又包括海外華人社會。只有通過支持這些社會力量對軟實力的推廣,中國國際話語權的建設才能事半功倍。

教育哲學的未來——專業主義

　　對於前邊所討論的中國教育哲學所存在的諸多問題，中國有沒有可能發展出一種新的教育哲學？我們認為是有可能的。為甚麼可以這樣說？

　　目前的格局難以為繼。教育的核心就是培養專業人才。不過，現在的局面是不僅培養不出人才，連人也培養不出來。中國的教育界把人培養成甚麼樣的人了？這不是一個明瞭的問題。教育界擔負培養合格公民的責任，但培養出來的人往往是反社會的；教育界要培養愛國主義者，但培養出來的人往往不愛國；教育界要培養專業人才，但培養出來的人往往一點專業精神都沒有。實際上，很多所謂的人才在很大程度上連一個合格的公民的素質都沒有。中國的傳統強調先做人，後做事。但是現在培養的人又怎樣呢？專業主義沒有養成，就連作為公民的基本素質都沒有。為甚麼？因為教育首先沒有把他們培養成人。

　　如果大學生競爭不過農民工，那麼還要這種高等教育幹甚麼！中國的家長們非常辛苦，花大量的經濟資源在小孩的教育身上，但有甚麼樣的回報呢？最近幾年出現了高中生罷考的現象，這非常容易理解。不過，在這個過程背後積累了社會對教育界多少的不滿呢？傳統上，教育界是

最受人信任的一個領域，但現在的中國社會對教育界有多少的信任呢？

再者，政治權力和知識之間的關係也過於緊張。兩者之間的信任比較薄弱，甚至兩者之間的關係有些敵視。最終這種緊張關係會演變成一種零和遊戲。現在在很多領域開始了政府向社會的分權運動，這個局面最終也必然擴展到知識界，知識界也必然會獲得更多的自治空間。

因為教育界是政治行政體制的延伸，所以，如果要在政治和教育之間確立邊界，政治行政改革必須是前提，僅僅局限於教育領域的改革會無濟於事。實際上，從很多方面來看，政治權力方面也感覺到政治和知識之間建立邊界的重要性。這種邊界的確立實際上對政治權力非常有利。在全球化背景下，國家間的競爭越來越成為人才的競爭，知識體系的競爭。如果沒有一個相對獨立和自治的知識領域，如何在主權國家間增強自己的競爭力？在內部，知識發展的邏輯也在要求這一邊界的確立。教育界如果繼續處於一個依附地位，無論是依附政治權力還是經濟利益，那麼知識發展本身就很難成為教育界的主體。

但說到底，能夠進行甚麼樣的教育體制改革呢？上文已經討論過，我們已經進行了那麼多的改革，但並沒有很大的成效。大多數改革都是頭痛醫頭、腳痛醫腳的做法。

要進行有效的改革，必須同時進行兩件事情。首先是確定改革的目標，其次是必須找到一個突破口。改革的目標不能過多，過多就不是改革了。我們認為，高等教育改革的目標只有一個，那就是專業主義的產生和發展。專業主義應當是教育哲學的核心。現存教育制度和專業主義背道而馳。我們並不認為，如果目前的局面繼下去，中國能夠建立專業主義；但同時也意識到，我們也不能另起爐灶。也就是說，專業主義的確立不得不面對現存體制，是要通過改革現存體制來確立專業主義。那麼，如何在現存體制下確立專業主義呢？我們認為，這個突破口可以從如下幾個角度尋找。

首先，現存的教育體系可以通過改革和調整工資結構而轉型，形成一個有利於專業主義產生和發展的工資結構。現在在教育學術研究領域，國家的投入越來越大，知識創新能力卻未隨之增強，這是為甚麼？主要是經濟資源在這裏扮演了控制的作用，而非知識創新。現在一個教育者或者研究人員的基本工資很低，憑藉基本工資還不能過體面的生活，更多的收入就要靠申請政府或者外面的各種資金。隨着國家財力的增加，能夠提供給教育者和研究者的資金也越來越多。這種收入分配制度貌似鼓勵研究和知識創新，但實際的效果剛好相反。在其他國家，教育者和

研究者的主要甚至是全部收入是基本工資。儘管也鼓勵他們去申請政府或者其他資金，但他們憑藉基本工資可以維持他們的體面生活。這樣，他們就有足夠的時間和空間去做思考，去研究。中國教師的這種工資制度不能鼓勵獨立研究，反而成了一種政治行政控制，就是說，資源配置成為有關部門控制教育者和研究者的有效手段。如果能把工資結構改變一下，總體工資水平不會有多少變化，但其對知識界的影響則是巨大的。這種改變，受到影響的是教育界的少數當權者的巨大利益，但收穫最大的是知識界和知識本身。

同時，中國的教育和學術評審制度必須重新設計。和工資制度一樣，現行的各種評估體系完全是教育部門為了管理來設計的，而不是用來鼓勵教育者和研究者的。很多評估體系從國外輸入。在國外，它們是專業主義的表現，是同行的行規，或者是為了鼓勵知識創新和進步而設定的制度。但這些東西到了中國則演變成為官僚主義的產物。因此，教育和評審制度的設計必須從行政管理官員手中轉移到專業人才手中。教育和學術評審應當是自治的組織自我約束的有效機制，而不應當是官員控制專業主義的機制。

再者，政治和知識之間邊界的確立不僅僅是行政管理部門的事情，更是知識界本身的事情。中國的教育界和知

識界，有兩種傾向性阻礙着這種邊界的確立，需要我們做深刻反省。第一，在很多場合，知識界本身不想取得獨立地位，而過度依賴權力和利益。很多人把教育和研究看成追求自己利益的職位，他們對自己的專業很少有興趣，更不用說是激情（passion）了。因為他們從權力和利益那裏可以獲取那麼多的好處，他們根本就不想割斷這個關聯。第二，另一個羣體則相反，他們不滿足於現狀，對權力持批評態度。不過，這個羣體也不見得具有專業精神，對專業感興趣。他們不和權力合作並不表明他們的獨立性。無論是依附權力還是反對權力，知識界的目標都不是自己的專業主義，而是利益。這種局面不改變，最好的政治環境也無濟於事。

但是，這裏也應當強調的是，教育界的自治和獨立地位並不是說教育界可以「無政府」。無論哪個國家，教育界是最具有規制的一個領域，個人、系所、學院等能做甚麼、不能做甚麼，都必須加以規制。中國的政治和行政仍然控制着教育界，但荒唐的是，教育界內部幾乎出現無政府狀態。除了批評政治，中國的教授和學者是全世界擁有最大自由的一個羣體。教授、系所和學院甚麼樣的事情都可以做。除了沒有專業主義精神，他們甚麼品德都有了。如果這種無政府狀態繼續下去，如果教育界規制制度不能

得以確立，那麼無論怎樣的自治和自由都會無助於專業主義的產生和發展。

　　要確立政治和知識的邊界，知識界本身必須首先確立自身的認同和自己的邊界。除了一些敏感的政治領域，知識界並沒有甚麼阻礙來進行知識創新。應當看到，至少在一部分學者中間，學者的主體意識也在產生和發展。這是一個好的趨勢。知識界必須確立專業主義優先原則，知識界追求權力不可避免，但要意識到，通過依附或者反對現存權力來追求權力是最無效的方法，這兩種方法不僅加重着知識和權力之間的依附關係或者緊張，而且也有害於知識本身。最有效的方式就是追求專業主義。專業主義本身可以成為權力的巨大資源。專業主義的本質就是知識為了知識，知識的目的就是為了更多的知識，教育是要解放人的個性，培養獨立精神，釋放人對各種事物的好奇心，從而激發創造。一個從事知識事業的人不應當過問其所創造的知識是否與社會、政治和經濟相關。如果是解釋世界，那麼其知識肯定是和現實相關的。知識如果對實際的政策造成了影響，創造了社會價值，那是知識的副產品，而不是目標。如果沒有這種對知識的獨立品德的認同，就很難成為知識的創造者，也很難成為教育家。

　　此外，我們也可以從中國經濟改革方面學到一些經

驗。中國可以容許在現存的教育體制外，長出一個獨立的個體來，即民辦學校。中國第一波民辦學校並不成功。無論從動機和體制設計上，民辦學校和現存的學校並無任何質的差別，大多是現存體制的簡單複製。大多數民辦學校只是看重教育這塊市場，主要的目標是利益。從國際經驗看，這種民辦學校不會有多大的成功概率。教育機構是非營利的。隨着中國經濟的發展，應當容許那些具有真正經濟實力的企業家來辦學。民辦學校應當努力在體制創新上下功夫，而不是簡單地分割市場。體制上的創新才是真正的創新。

我們這裏只是列舉了少數幾個例子來説明教育哲學的變化可能對知識界帶來的影響。很顯然，正如在其他領域，教育哲學的改革也要呼籲思想解放。思想解放不僅僅是針對政治行政管理部門而言的，而且更是對知識界本身而言的。新教育哲學的確立必然會導致一個新教育局面的出現。

二、知識、力量與責任：
中國知識羣體向何處去

中國社會意識形態與危機四伏的「百花齊放」時代

英國哲學家培根說，知識就是力量（或者權力），而力量（或者權力）是要承擔責任的。今天討論這個問題主要是出於對中國目前知識界思想狀況的深刻擔憂。儘管中國繼續被外界視為是權威主義政治體系，但從社會意識形態來說，中國已經步入一個「百花齊放」的時代。這一方面是好事情，這種局面是改革開放以來所形成的多元利益格局的反映。利益的多元主義必然導致思想多元主義。那麼，為甚麼擔憂呢？主要有如下幾個主要原因：

第一，目前在中國存在的都不是源自中國的主義，而是從西方進口而來。歷史地看，春秋戰國時代是中國歷史上第一個真正的「百花齊放、百家爭鳴」時期。當時中國社會處於大轉型，各種思想系統化，互相競爭來影響現實政治。但當時所有的思想和主義都是源自於各諸侯國的實踐，各種本土思想也意在影響各諸侯國的建設。就是說，各種思想都和現實相關，它們來自實踐，不僅能夠解釋

實踐，而且也能指導實踐。但現在進口的「百家」既不能解釋中國的實踐，更不能指導中國的實踐。各種思想和中國的實踐有甚麼樣的相關性呢？思想決定中國的前途，思想的目的是指導行動，任何思想是行動導向的。儘管社會層面的意識形態和官方的實際政策之間存在很大的距離，但各種思想的目標就是影響決策者。如果這些進口的思想成為了官方主導的思想，那麼會對現實產生甚麼樣的影響呢？隨着全球化進程，西方思想也在全球化，中國也無意拒絕西方思想。不過，從近代以來各種進口的思想對中國社會政治實踐的巨大影響（無論是正面的還是負面）來看，人們必須思考這個問題。

儘管中國現在也面臨各種經濟、政治和社會問題，但從長遠來看，最主要的危機就是中國人尤其是各類精英的思維或者思想危機。自近代以來，中國社會一直處於轉型之中。有很多問題是任何一個轉型社會都會面臨的普遍問題，但也有很多問題是國家戰略和政策所致。這後一類問題往往和決策者的思維和思想有緊密的關聯。只要中國精英層的思維和思想繼續處於近代以來的「被殖民」的狀態，繼續讓進口的思維和思想來主導改革的政策，那麼中國社會將繼續面臨無窮盡的問題。

第二，各種思想已經表現為極端性。思想在各國之間

流通不可避免，也有其必要性，但極端思想則會產生消極後果，極端的思想導致極端的行為。在中國，各種進口的思想正趨向極端，尤其表現在左、右（自由）派之間。

第三，各種進口的思想早已經顯現出其影響公共政策的取向性。思想由不同的社會羣體進口，而進口甚麼、不進口甚麼則取決於不同社會羣體的利益現狀及其他所要追求的新利益。因此，思想始終和公共政策相關。從二十世紀八九十年代佔主導地位的新自由主義經濟學到近年的各種「左派」思潮在這一點上都具有同樣的性質。它們一方面追求自己可以獲取利益的公共政策，另一方面對這些政策給予了強有力的論證和辯護，使得社會的整體認為它們是在追求公共利益，而非自私利益。

第四，各種思潮不僅和公共政策相關，而且也開始和社會力量相結合。只要是行動導向的，各種思潮必然尋求和社會力量的結合。一旦結合，就可實現「知」與「行」的統一，從而導向現實的改變。改變現實當然是目前的中國所追求的。但問題是向甚麼方向變化？如何變化？變化的獲益者是誰？這些變化又會對中國整體產生甚麼樣的影響？這些問題必須加以回答。簡單地追求變化，所得到的很可能是大多數人不想看到的變化，甚至是必須努力加以避免的變化。

那麼，當代中國各界的思想狀態到底是一種甚麼樣的狀態呢？

中國社會階層及其思想狀況

執政黨：現在的意識形態傳統與傳統上作為信仰意義的意識形態已大相徑庭。

改革開放以來，從總體上來說，執政黨一直處於一個「去意識形態化」的過程之中。改革開放之初，去意識形態化是一個艱難的過程。中華人民共和國成立伊始中國社會高度意識形態化，意識形態成為衡量一切的標準。舊的意識形態禁錮了人們的思想，成為改革開放的最大阻力。很顯然，要進行改革，首先就要去意識形態化。這就是「實踐是檢驗真理的唯一標準」思想解放運動的政治背景。這場「實事求是」的運動修正了原來的意識形態，使得意識形態不再在中國政治社會生活中佔據主導地位，有效地推進了改革開放進程。沒有這場運動，很難想像日後中國的進步。問題在於，此後，執政黨不太重視意識形態的作用。任何社會和政治體系的運作都需要意識形態。意識形態不僅要解釋現實，而且也要指導面向未來的行動。隨着很多社會問題的出現，執政黨也感覺到有必要確立新的意

識形態。從 1987 年中共十三大提出的「社會主義初級階段理論」、十四大提出的「社會主義市場經濟」、2002 年十六大的「三個代表理論」到十七大的「科學發展觀」都是執政黨重建意識形態的努力。

但必須注意的是，意識形態重建的所有這些的努力，效果並不明顯。實際上，現在的意識形態和傳統意義上作為信仰體系的意識形態已經大相徑庭。今天的意識形態主要扮演着如下功能：首先是論證政策的合理性。所有上述「意識形態」實際上很難說是「意識形態」，而只是不同的政策解釋。第二是試圖指導黨政官員的政策行為。在這方面，這些「意識形態」還起着「統一思想」的功能。第三，更為重要的是，所有這些「意識形態」主要是為了推動經濟發展。因此，這些「意識形態」至多可以說是經濟政策「意識形態」。

這些「意識形態」有效促進了經濟發展，卻回答不了越來越多的問題，解釋不了越來越多的現象，包括道德、社會、政治、文化等等。儘管執政黨圍繞着這些「概念」，並努力把之推及道德、社會、政治和文化諸方面，但並沒有形成系統的、能夠整合各方面社會生活的「意識形態」，更不用說是把這些概念轉變成為人們的「信仰」了。

一方面是意識形態的衰落，另一方面是利益主義的崛

起。這使得執政黨面臨無窮的問題。從前執政黨具有兩個武器，即組織和意識形態。現在，既然意識形態有些衰落了，只好全面依賴組織這一武器。如果説組織是硬力量，那麼意識形態可以説是軟力量。失去了軟力量，執政黨內部治理成本就大大提高，例如，執政黨內部的腐敗問題比較嚴重。就外部而言，執政黨的統治效率下降，政府規模不斷擴大，但政府對社會管理失靈的現象則很嚴重。

但最為重要的是執政黨往往因為沒有意識形態而失去了引導國家發展的大方向。意識形態説到底反映的是一個國家的核心價值。執政黨之所以能夠執政，就是要引導國家和社會去追求和實現這些核心價值。在這個過程中，執政黨實現了兩種權力，即領導權和統治權。意大利馬克思主義者葛蘭西曾經指出，統治階級的統治要具有合法性，那麼其必須超越其本階級的利益，而體現國家意志（national will）。就是説，執政黨必須超越自身的利益，而能代表社會整體的利益。如果能夠這樣，那麼執政黨就會享有領導權。如何超越執政黨本身的利益？一要建立國家的核心價值，也就是全體人民都認同的價值，二要帶領全社會追求這些核心價值。但很顯然，黨政官員在過去的很多年裏 GDP 主義橫行，赤裸裸地追求經濟利益，從而出現了許多的社會問題。無論黨內外，GDP 主義驅動下的單

方面發展造就了以錢為本的金錢主義。很多嚴重的社會現象就是金錢主義的產物，包括黨內大面積的腐敗、社會分化和黨內外道德的衰落等等。

隨着執政黨領導權的減弱，其統治權必然強化。針對黨內的反腐敗運動和針對社會的維穩運動是統治權強化的典型表現。

任何一個執政黨都必須是具有意識形態的。這些年來，至少在意識形態部門的人們對此是有認識的。在官方缺失一種能夠整合社會的意識形態的情況下，他們就不斷訴諸於任何對他們有幫助的政治意識或者意識形態，包括民族主義、傳統儒家價值等等。當然，這些意識之間並沒有任何有機的關聯，甚麼場合、甚麼時間，需要甚麼主義，就把那個主義抬出來，這就是官方思想意識的現狀。

「左派」的公平正義：除了懷舊和烏托邦，沒有任何現實可行性。

因為官方意識形態的衰落，中國出現了巨大的意識形態真空。各種社會意識形態因此很快崛起，在中國的思想舞台上進行競爭。近年來，競爭之激烈到了何種程度？各種社會思潮之間並沒有任何交流或者交鋒，它們之間的競爭只是把各種思潮推向極端。其中最顯著、影響最大的就算是「左派」和自由派之間。「左派」和自由派之間不僅

互相競爭激進化，而且兩者都是針對政府政策的。簡單地說，「左派」構建了一個公平正義的烏托邦，而自由派構建的則是自由民主的烏托邦，雙方都用各自的烏托邦來批評對方，批評政府的政策。

公平地說，「左派」和自由派都同樣看到了中國社會的很多問題，並對政府不能解決這些問題感到不滿，因此兩者都對政府抱批判的態度。不過，兩者對問題的診斷不同，對如何解決問題的認知不同，對中國社會的發展方向的倡導也不同。

「左派」的意識形態涉及很多方面，但就其和官方的政策相關性來說，主要是要否定改革開放以來的以市場經濟為導向的改革政策。自 20 世紀 80 年代到現在，「左派」在這一點上從來就沒有變化過。他們看到了問題，而把所有社會矛盾統統推給市場經濟。一般而言，「左派」的理論來自馬克思及其相關的新馬克思理論的各個變種。馬克思強調市場經濟對社會的負面影響。作為市場經濟主體的資本，其本質就是要把一些事物包括社會關係商品化和貨幣化。社會關係的商品化和貨幣化導致了社會秩序尤其是道德秩序的衰落甚至解體，這個分析並沒有錯。

從這個邏輯出發，「左派」指向了改革開放以來的市場經濟的發展，比較極端的「左派」相信這些都是鄧小平

的錯。他們認為，如果不是鄧小平把市場經濟引入中國社會，中國社會不至於面臨那麼多的問題。這些人因此開始懷念毛澤東，把毛澤東時代的中國視為是一個具有社會秩序和道德高尚的社會。有人甚至提出要回到毛澤東時代。這種看法在一些年長者那裏流行，懷舊是今天中國社會的一大趨勢。更重要的是，這種情緒也存在於那些並不理解毛澤東時代到底是怎樣的年輕羣體之中。和年長者不同，年輕人認同毛澤東不是根據生活經驗，而是根據對毛澤東思想的文本解讀。

不過，「左派」面臨兩個大問題。第一是如何解決，馬克思從資本的本質出發分析了諸多社會問題的根源，但並沒有找到解決方式。

貧窮社會主義之下有沒有可能產生有效的社會秩序和高尚的社會道德？沒有。在西方，市場經濟對政治權力，或者資本對政治權力構成制約。但在貧窮社會主義下，政治權力和經濟權力一體化，政治控制並不受任何的控制。在任何社會，貧窮社會主義都是和高度的政治專制連接在一起的。政治和經濟的一體化既導致了社會空間的消失，也導致了權力的腐敗，很難說是道德的。社會沒有自身的空間，高度依賴於政治。在當時普遍貧窮狀況下，人們基本生活得不到維持。貧窮生活顯然產生不了社會道德。

第二，不管其有多麼大的缺陷，市場經濟是人類迄今為止所找到的最好的創造財富的機制。沒有市場，就沒有有效的財富創造機制，就沒有小康生活。無論在西方還是亞洲，市場經濟造就了龐大的中產階級，也就是中國所説的小康社會。中產階級和小康社會就是一種穩定的社會秩序。如果沒有市場，國家所主導的經濟活動更容易導致另一類更為嚴峻的不公平，就是東歐學者所説的「新階級」。這是一個以政治權力為基礎的官僚階級，壟斷着國家的大部分經濟資源。

簡單地説，要通過消滅市場經濟而轉向國家權力來解決社會秩序問題，除了懷舊和烏托邦，並沒有任何現實可行性。

自由派的自由民主：只不過是另一種過度的理想或烏托邦。

那麼，自由派的觀點又怎樣呢？在中國，自由派又可分為兩個主要的派別，一派是市場原教旨主義者，另一派是民主原教旨主義者。市場原教旨主義體現在幾個方面。第一，他們信奉市場，相信中國所有社會問題存在的根源在於市場不到位，也相信一旦市場化，所存在的問題就能夠得到解決。第二，在實際政策層面，他們不分經濟領域和社會領域，提倡所有領域的市場化。第三，他們只相信

效率，不顧分配，甚至仇視分配。

　　不過，自由派也同樣解釋不了很多問題。中國的很多社會秩序問題固然和市場化缺失或者市場化不足有關，但市場並不是解決社會秩序問題的唯一途徑。市場化在解決一些社會問題的同時也產生着其他無窮的問題。歷史地看，市場的發現改變了人類的經濟發展史，為經濟發展提供了莫大的動力。但同時，也給人類既有的社會秩序帶來巨大的挑戰。馬克思曾經把西方很多社會問題歸之於市場化。「看不見的手」（市場）的發現者和提倡者斯密也著《道德情操論》，強調道德情操在一個社會秩序形成過程中的至關重要性。在西方社會秩序尤其是道德體系發展過程中，宗教發揮了很大的作用。西方的宗教改革為資本主義的崛起提供了精神條件，但資本主義的興起對以宗教為基礎的社會秩序產生了很負面的影響。隨着工業化和城市化的發展，社會流動的增加，儘管宗教還是一種非常重要的社會秩序和道德資源，但政府扮演了很重要的作用。這並不是說，政府取代了宗教提供社會秩序和道德資源。政府對社會秩序的重建提供了社會基礎，主要是通過對社會提供保護機制，例如社會保障、醫療、教育、公共住房等人們稱之為「公共財物」（public goods）的公共服務。社會保護機制極其重要，沒有有效的社會保護機制，西方社會

秩序的轉型不可能。政治權力並非和社會秩序相悖。西方從早期原始資本主義發展到後來比較人性化的福利資本主義，這本身並不是資本主義的內在邏輯。這種轉型是社會改革和政治改革的結果。

從今天美國和西方社會秩序和道德狀況看，市場化和社會秩序之間的緊張關係依然存在。例如從 2008 年開始的全球金融危機可以理解為金融部門過度市場化的結果，或者說缺少政府對市場的規制的結果。金融危機對西方現存的中產階級社會秩序產生了非常負面影響。前段時間在西方爆發的「佔領華爾街運動」的核心是西方的中產階級。金融資本主義所表現出來的過度投機性質對傳統西方道德（例如新教倫理）的負面影響更是巨大。

市場原教旨主義者既很難回答左派所提出的很多問題，即市場化對社會秩序的負面影響，其所提出的市場化的主張在實際生活中毫無可操作性，也只不過是一種過度理想或者烏托邦罷了。

如果市場原教旨主義者信奉市場，那麼民主派信奉的是民主。在解釋和診斷社會問題時，民主派指向政治權力，認為是政治權力導致中國社會的衰落和解體。在民主派看來，政治制度是社會秩序衰落的關鍵。他們把中國很多社會問題視為是政治權威主義的結果，因此，他們提倡

通過民主化來解決社會秩序重建問題。民主化的目標是制約政治權力，如果「左派」的樣本是毛澤東時代的中國，那麼民主派的樣本則是實行市場經濟和民主政治的西方國家，尤其是美國。

應當看到，中國民主派和所有發展中國家的民主派並沒有任何區別。在這些國家，一旦遇到問題，民主派首先總想到民主，以為民主是解決所有問題的關鍵。在後發展中社會，人們往往把西方社會的政治發展史理解成為一部民主化的歷史，同時把一切美好的價值和民主聯繫起來，以為民主能夠幫助實現各種期望的價值。

不可否認，民主制度是西方最重要的政治制度安排，民主化也貫穿近代西方歷史。正因為這樣，西方民主也為很多發展中國家所學習。但是把所有好的價值和民主聯繫起來並不符合歷史事實。很多在西方民主政治中所體現的價值例如自治、分權和社會參與也體現在其他制度安排上。甚至在西方，這些價值在民主化之前就已經體現在其他制度安排上，或者說這些（其他）制度的存在推動了西方的民主化過程（在西方民主文獻中，這些其他制度被歸結為「傳統文化」）。中國傳統的制度安排實際上也在很大程度上體現了這些價值，尤其是分權。也就是說，從歷史上看，人們所追求的很多價值通過非民主的制度安排也是

可以實現的。當然，不能簡單地把「非民主政體」解讀成為「專制政體」。把人類政治史簡單地歸納為「民主」和「專制」不符合歷史事實。很多制度安排是技術性的和中性的，並不能用「民主」和「專制」這樣的具有高度意識形態和道德的概念來解釋。無論是民主政體還是非民主政體，都需要這些中性的制度安排，沒有這些制度安排，就成為不了（近）現代國家。

再者，西方所取得的各方面的成就也並非用民主政治所能解釋的。例如，很多西方學者發現，西方民族主權國家的形成和戰爭分不開，西方的工業、產業和商業組織文明是工業化的產物。即使在政治社會制度方面，近代國家的一些基本制度已經在民主化之前建立起來了。儘管人們不能低估民主化對這些制度的影響（有積極的影響也有消極的影響），但很多制度的產生和民主化並沒有甚麼有機的關聯。

反觀一些發展中國家，儘管也實行西方式民主，但民主的品質極其低劣，民主往往是和腐敗、無秩序與暴力聯繫在一起。除了民主缺少社會經濟發展水平的支持外，泛民主也是其中重要的根源。民主本來只是政治領域的秩序，但這些國家把民主的原則擴散和應用到社會、經濟、文化和教育等各個領域，這一方面很容易導致社會的無政

府狀態，另一方面也使得民主的品質成為問題。「民主可以用來解決所有社會問題」，這充其量只不過是一種無限天真的想法而已。

「左派」和自由（民主）派儘管體現為中國社會意識形態的兩個極端，但兩者之間在很多方面有驚人的共同特點。首先，兩者都來自西方，同樣解釋不了中國的現實。其次，兩者都具有相同的思維方式，「非黑即白」。不難理解它們之間的「水火不相容」的狀態。再次，儘管兩者追求的目標不一樣，但都傾向於用同樣的方式來達到這個目標，那就是激進化，甚至革命。也很顯然，兩者各自生存的方式主要就是把自己高度道德化，千方百計佔據道德制高點，在此基礎上，把對方或者把各自的「異己者」妖魔化。雙方都具有濃厚的「文化大革命」時代的「造反派」精神，甚至有過之而無不及。

更應當看到，無論是「左派」還是自由派，與其說是知識話語，倒不如說是政策話語，雙方都在努力影響社會，影響政府的政策，各自都在追求和社會力量或者和政府力量的結合。市場原教旨主義者一直就是新自由主義經濟學流行的知識力量。「左派」這些年對政府政策的影響很顯然，至少在一些地方非常流行，而「文革」方式的政治運動則成為左派黨政官員實施政策的最有效的工具。

「左派」也經常被既得利益所用。

草根社會：從「憤青」到「被利用」到「理性希望」。

討論中國社會思想意識狀態也必須提及草根社會。在草根社會，總體的情況可用兩個字來形容，即「憤怒」，就是說這一階層的很多人對甚麼都感到憤怒，也因此被視為是「憤青」。當然，草根社會的憤怒不僅僅存在於年輕人中間，也存在於年長者羣體之中。因為是憤怒而非理性，這個羣體中的很多人很容易被政治人物或者激進思潮所利用，大都也傾向於成為自覺或者被動的犧牲品。

憤怒在任何社會都存在，只是規模和程度的問題。中國處於轉型期間，社會問題頻發，社會憤怒遠高於其他社會，這也是可以理解的。一般說來，因為處於憤怒之中，人們就很容易忘掉了自我，忘掉了自己的利益。也因為憤怒，人們就缺少現實感，幻想着一個理想的世界，幻想着一個天堂。而上面所討論的「左派」或者自由派所構建的烏托邦恰恰滿足了處於憤怒之中的人們的心理，他們各自選擇了符合自己心理需求的「天堂」，加入了「左派」陣營，或者自由派陣營，並搖旗吶喊。

草根的這種局面會在今後相當長的一段歷史時期裏持續下去，既給中國社會變化帶來動力，又注入很大的不確定性。不過，也應當看到草根階層中的理性希望。這個羣

體中，很多人在繼續憤怒，但也有少數一些人在經歷了一段時期的憤怒之後開始產生理性，而這些人正是中國未來的希望。從知識的生產來說，有關中國的知識很少可能來自目前的高校和研究機構中那些處於思想「被殖民」狀態下的思想家和理論家，而更有可能來自這個草根羣體。顧名思義，草根羣體生長於中國社會的底層，體驗和了解着一個真實的中國社會。儘管他們也受「左派」和「自由派」教義的影響，但是一旦當他們意識到這些外來的東西並不能解釋中國，更不能改造中國之後，他們拒絕思想的「被殖民」。他們於是開始對中國社會的現實作理性的思考，並尋求解決問題的方式。

中產階層：「沉默的少數」。

中產階層可以說是中國沉默的少數。說其是少數，因為這個階層的規模並不是很大。改革開放以來，中國開始出現中產階層。到目前為止，中產階層主要包括政府公務員、企業家和各類專業人士。政府公務員羣體非常龐大，他們是一般的社會管理者，應當和前文所提的統治階層有所區分。應當指出的是，這個羣體主要是消費者，而非生產者。中產階層的主體是不同發展階段產生的企業家和專業人士。歐美工業化進程中最大的中產階層羣體來自最初的工薪階層。隨着技術的發展和工資的提高，他們轉型成

為中產階層。但在中國，至少到目前為止，工人階級還沒有轉型成為中產階層。

從思想意識來說，中國的中產階層到現在為止還只是一個消費者，而不是生產者。一方面，他們自己還沒有能力生產自己階層所需要的知識體系，另一方面他們也沒有為他們說話或者代表他們利益的知識生產者。中國目前的知識羣體要不圍繞着權力轉，即權力知識分子，要不圍繞着利益轉，即利益知識分子。無論是「左派」知識分子還是自由派知識分子，都處於這種狀態。

因為沒有自己的知識體系生產者，但又不能接受「左派」或者自由派，他們因此在知識層面深感不安。他們不知道中國社會的未來會怎樣，他們自己的未來會怎樣？但他們的經驗告訴他們，他們的生存環境有問題。例如他們的經濟地位非常脆弱，因為缺失有效的社會保障機制，教育、住房和生病都能夠輕易改變他們的經濟地位，作為今天的中產階層或許明天就會淪落為貧窮階層。因此，他們對自己的現狀感到恐懼。

因為恐懼，他們也會憤怒。但是，和憤青不一樣，這個階層的很多人，尤其是上層中產階層往往選擇「退出」中國社會。在任何社會，中產階層是社會穩定的階層基礎，他們最懼怕社會的不穩定。今天的中國，在中產階

層的眼裏，各種因素都在促成社會的激進化，無論是官方的「沉默」政策，「左派」和自由派的激進思潮，還是社會的憤怒化。這些年來，隨着社會的激進化，中國社會有兩個羣體在移民海外，一個是高端知識羣體，一個是財富羣體。這兩個羣體可以說中國社會的中上階層。

知識分子不僅生產知識，而且也應用其知識來影響中國社會的發展。正因為這樣，知識包含責任，生產知識的知識分子應當承擔起知識的責任。否則，不僅不能促成社會的進步，反而會給社會帶來巨大的災難。這方面，在中外歷史上，人類已經具有足夠的經驗教訓了。如果中國的知識分子要在中國社會進步方面扮演一個正面的角色，首先就應當總結歷史經驗，吸取歷史教訓，搞清楚自己應當承擔甚麼樣的知識責任。

知識、權力和責任：經驗和教訓

知識就是力量。知識所能產生的力量並不難理解，人們往往把媒體視為是政治權力和經濟權力之外的一個獨立的權力極。不過，就其本質來說，媒體之所以產生力量，主要是其背後的知識。在很大程度上，媒體只是知識的其中一種表達和傳播方式罷了。從總體看，隨着媒體表達和

傳播技術的發展，知識的力量也越來越強大。

應當首先說明的，我們這裏並不想討論科學知識。對科學知識的責任問題，科學家們已經有很多的討論。例如核武器。核技術的發明是科學史上的一大貢獻，但核武器可以給人類帶來無窮的災難。在核武器發明之後，英國哲學家羅素等有過激烈的爭論。科學知識的社會責任也表現在今天人們對科學研究的倫理問題的爭論，人們對很多科學研究活動例如複製人類並不存在共識，這種情況的存在至少說明，人們（尤其是科學家）對科學知識的責任和倫理是有認知的。這裏要討論的是人文和社會科學領域的知識生產者。在這個領域，人們生產的是社會知識。歷史地看，社會知識對社會的影響非常之巨大，甚至遠較科學，但是對社會知識的責任問題，很少有人去討論。

人類的進步和社會知識的產生分不開，在一些歷史的節點上，知識甚至起了決定性的影響。當 16 世紀、17 世紀之交的英國哲學家培根說出「知識就是力量」這一名句的時候，他是在描述這樣一個客觀事實，即知識在當時歐洲歷史上所扮演的決定性影響。當時，歐洲通過文藝復興運動，擺脫了中世紀宗教神權主導的「愚昧知識」時代的陰影，確立了理性主義的知識體系。在中世紀的歐洲，宗教神學掌控了人類的精神領域，壟斷了知識領域，宗教教

義成為解釋和衡量一切的標準。文藝復興最重要的目標就是要把人類從宗教神學解放出來，把人類的目光從「形而上」的宗教神學轉向「形而下」的人類理性。文藝復興的物質動力在於當時的社會經濟面的實際變化，主要是商業活動帶來的人類的理性精神。現實商業生活中所發生的並不是宗教神學所能解釋的。商業實踐的發展促使人們對宗教神學的懷疑，觸發了人們對世俗理性知識的追求。理性主義是一個和傳統宗教神學全然不同的新的知識體系，或者知識範式。

宗教、商業、政治和知識，這四個主要社會角色的互動決定了歐洲近代以來的歷史。其中知識和商業之間的聯盟和合作扮演了決定性的作用。知識首先從教會分離開來，在商業階層的支持下，爭取到一個較為獨立的地位。歷史學家們一直強調政教分離的作用，這並沒有錯。如果沒有政教分離，歐洲的歷史就會改寫。但他們往往忽視知識和教會分離的作用，無論是世俗政權還是商業，如果沒有知識階層的合作或者競爭，那麼歷史同樣會改寫。在知識和宗教分離之後，並不是說宗教就不再從事知識創造了。宗教仍然從事其有關精神和靈魂的知識，繼續為社會提供這方面的需要。但從教會分離出來的知識羣體則轉向「形而下」的知識體系創造，或者社會知識體系的創造。

自此之後，人類社會的方方面面的變化，或好或壞，都和社會知識體系相關。

如果把西方的歷史和中國的歷史作一比較，人們就會對知識羣體所起的歷史作用看得更清楚一些。簡單地說，知識和政治權力的結合造就了中國歷史，而知識和商業的結合則造就了西方的歷史。在中國，知識領域沒有任何獨立性和自治性。知識不僅是政治權力的一個內在組成部門，而且是高度依附於政治權力的。政治的最高目標是秩序，創造秩序和維持秩序。秩序就是要保持現狀，不但不追求變化，反而阻礙變化。很容易理解，作為傳統中國社會知識羣體的主體的儒家發展出了世界上最為發達的統治哲學。

在學術界，學者們一直在討論中國和西方社會的「大分叉」現象：為甚麼中國沒有發展出類似於歐洲的資本主義體系，儘管中國的歷史上也出現過諸多資本主義要素？為甚麼中國沒有演化出近代商業制度，儘管中國歷史的不同時期也有相當發達的商業活動？為甚麼工業革命沒有發生在中國，儘管中國傳統上也曾經擁有發達的技術？這些問題當然不是單一因素決定的。不過，在回答這些問題時，人們過多地強調客觀的生產要素在中國和西方的不同組合，而忽視了知識體系在其中發揮的關鍵作用。一些學

者觀察到，在其他任何社會，技術知識一直是一個積累的過程，不斷地積累，積累到一定的程度，產生一個突破口，技術就會發生飛躍式的進步。但在中國則相反，很多技術不僅沒有積累性質，反而會倒退。中國的王權和知識一體化，把政治秩序看得比其他任何東西都重要。當一種技術被王權和士大夫階層視為是會對現存社會政治秩序產生負面影響的時候，他們選擇的是抵制、放棄甚至毀滅技術，而維持政治秩序。

這和西方形成了鮮明的對比。在西方，知識走的是一條和商業合作和結合的道路。商業首先促成了知識和教會的分離。商業和知識的合作在文藝復興運動中扮演了關鍵的角色。商業需要世俗知識，而知識界則滿足了這個需要。此後，商業也促成了政治和知識的分離。商業需要能夠支撐其商業運作的知識體系，尤其是法律體系。再者，商人也擔心政府的力量過分強大，知識和政治權力的分離能夠促成商業利益的最大化。知識界爭取和政治權力的分離，其背後的力量又是商人。很多西方國家，大量的教育機構，尤其是大學，都是私立的，這完全是商人的功勞，沒有商人在背後，很難想像西方能夠發展出如此獨立於政治權力的知識體系。

很顯然，與追求秩序和穩定的政治不同，商業所追

求的就是永無止境的變化，甚至是革命性的變化。哈佛大學經濟學家熊彼特（Joseph Alois Schumpeter）曾經把資本主義定義為一個「創造性毀滅」的過程。近代以來，伴隨着西方社會自貴族專制社會到資產階級民主到大眾民主等社會結構的轉型就是知識體系的轉型。就是說，不同的社會形態產生不同的知識體系。這兩個轉型是互相關聯的，在很多場合是互為因果的。權力、商業和知識之間互相獨立，互相競爭，從而構成一種動態的平衡。

創新和變化是商業的永恆特徵，正如秩序和穩定是政治的永恆特徵一樣。而這裏，知識是關鍵，知識既可以成為秩序的一部分，也可以成為變化的一部分，中國和西方的這種格局到今天仍然在繼續。

知識既可以為社會帶來積極的變化，也可以為社會帶來毀滅性變化。就是說，知識既可以是進步的來源，也可以是悲劇甚至是災難的來源。對知識為人類帶來的災難，在西方的歷史上不勝枚舉。例如法國大革命前的抽象的「人民主權理論」導致了後來的多數人的暴政。當然，最極端的就是德國「二戰」前的「種族優越論」導致了希特勒時代對猶太人的大屠殺。甚至很多直到今天為止仍然被人們歌頌的知識體系也始終對人類社會產生着負面的影響。例如近代歐洲產生的「絕對主權學說」，在歐洲導致了兩

次世界大戰。此後，絕對主權的概念不斷傳播到世界其他地方，造就了各種形式的狹隘的民族主義。儘管生產出這一知識體系的歐洲開始拋棄它，但它仍然在世界的其他地方產生着巨大的負面影響。

經濟知識方面也有類似的情形。古典經濟學對人類社會知識體系做出了巨大的貢獻。其中，其所張揚的市場經濟為人類創造了巨大的財富。但當代的新自由主義經濟學則為人類造成了巨大的災難。2008 年以來的全球性金融危機，其背後無疑是新自由主義經濟學。這裏，應當指出的是，當知識分子羣體失去了其獨立性，而演變成商業的一部分、高度依附商業之上的時候，知識可給社會帶來毀滅的影響。西方（尤其是美國）大量知識分子（經濟學家）依附於商業，代表資本的利益，大力提倡新自由主義經濟政策，從而結成了商業、知識和政策的利益聯盟，這個利益聯盟是 2008 年的金融危機的制度根源。沒有知識這一方，這個聯盟不僅難以形成，而且也不可能釋放出如此巨大的能量。

在發展中社會，一個社會發展得成功與否與知識精英所承擔的知識責任是相關聯的。在亞洲，成功的例子有日本和「四小龍」（韓國、新加坡、中國的台灣和香港）。首先是經濟發展，這些經濟體在很短的數十年時間裏走完

了西方一百多年的歷程，造就了國際社會公認的「東亞奇跡」。「東亞奇跡」就是對西方模式的偏離，其背後當然是知識體系的偏離。類似的情形也發生在政治領域，尤其是民主化進程。西方學者和東亞社會接受西方知識體系的學者都把東亞社會的民主化視為西方民主化模式的一個部分，而沒有看到東亞民主化的成功之處就是其和西方的不同。日本民主被視為是西方式民主，但大多數了解日本民主的學者不會否認，日本民主只是在形式上和西方類似，在實質上是不同的。韓國和中國台灣也在很短的時間裏走完了西方民主一百多年的歷程，其成功之處並不在於這些民主具有了西方民主的形式，而在於民主化之前成功的經濟和社會發展。例如，除新加坡之外，「四小龍」在民主化進程中也發生了社會抗議運動，但這些抗議運動都具有和平性質。為甚麼和平？主要是這些經濟體所造就的龐大的中產階級。如果沒有這一條件，這些社會也會不可避免地陷入很多發展中國家所經歷的劣質民主陷阱。簡單地說，東亞社會的成就在於它們沒有濫用西方的知識體系，而是在努力學習西方的同時抵制了那些不適合於它們自身社會的知識體系，通過知識的創新來建設自己的社會。

亞非拉很多發展中國家經濟和政治的失敗與照搬西方知識體系有關。這些國家大多數都是在「二戰」之後反殖

民地浪潮中取得國家獨立地位的。國家從西方殖民地獨立出來了，但這些國家的政治和知識精英的思想則仍然處於被西方殖民的狀態，並且是主動殖民。在這些社會，反殖民統治的往往是在西方接受教育的知識精英，他們嚮往西方社會的發達，希望在獨立之後很快成為像西方那樣的國家。因此，在獨立之後，他們照抄照搬西方模式。問題在於，西方模式並不適合他們自己的社會。結果怎樣呢？很多社會在經濟上陷入低度發展陷阱，政治上陷入劣質民主政治陷阱，讓社會處於不發展、無窮的腐敗、無秩序甚至內戰之中。一些社會表面上也不缺西方形式的憲政、三權分立、多黨制、私有制等等，但實際上則是「失敗國家」。

即使是人人都譴責的柬埔寨紅色高棉政權，也和濫用西方知識體系分不開。應當強調的是，紅色高棉的主要領導人是在法國接受西方式教育，他們回到柬埔寨之後，看到了國家的落後，看到了社會大眾和西方民眾之間的巨大差異，因此他們要用所學到的知識改造柬埔寨社會，造就一個全新的社會。而造就一個全新的社會則是從改造人開始的，就是先造就「新人」，而後造就「新社會」，結果導致了數百萬人被屠殺。今天儘管整個國際社會都在譴責紅色高棉，但有誰去尋求其知識的起源呢？

那麼，中國的情形又是怎樣呢？在數千年歷史上，因

為作為知識生產主體的儒家依附王權，中國的知識掌握在王權手中。農民革命只是簡單的改朝換代。除了為了造反的需要而產生的一些有關造反者的神話之外，沒有任何新的思想出現。如果造反成功，掌握了政權，掌權者必然全盤接受儒家的知識體系。

但是自從和西方接觸之後，情況就有了很大的不同。一方面，隨着西方思想的進入，給中國的知識體系的變化帶來了巨大的動力，對推動社會的變遷有着非常積極的作用。但是中西方兩個思想體系的混合也造就了給中國社會帶來負面影響甚至是毀滅性影響的「新」知識。這裏，最典型的是洪秀全領導的太平天國革命，其所營造的思想知識體系提供了一個人們嚮往的「天國」，吸引了眾多的信徒，對當時的中國社會所產生的影響是眾所周知的。類似這樣的事例非常之多。就連梁啟超這樣的思想大家也曾經提倡通過培植「新人」來改造中國社會，只不過是沒有成功罷了。

即使是「五四新文化運動」之後逐漸形成的科學主義知識體系直到今天也對中國社會產生着負面的影響。在西方，科學主義是近代理性主義的產物。但西方科學主義是有其邊界的，就是說科學主義是意識到自己的局限性的，它並不否認有很多現象並不是科學主義所能解釋的，因

此把這些領域（例如宗教領域）讓給了其他的主義。但當科學主義進入中國，就變成了檢驗和衡量一切的標準。例如，人們往往把情感、宗教等等不能用科學來解釋的事情視為是「不科學」或者「迷信」。在此基礎上，再把這些東西視為是非道德的、落後的、政治上錯誤的等等。更為重要的是，今天一些遭到人們批評的東西，例如改革開放之前的「計劃經濟」和當代的「GDP 主義」，支撐這些政策實踐的知識體系其實就是科學主義。

當然，對中國社會具有最長遠負面影響的莫過於「階級鬥爭」的知識體系了。馬克思根據對資本運作和歐洲工業化的分析，發展出了「階級」的概念，也看到了不同階級之間的鬥爭對社會的推動作用。在馬克思那裏，「階級」是可以加以客觀衡量的經濟概念。但是到了中國，這個概念則變成了「階級鬥爭」。階級鬥爭一方面構成了人為推動歷史發展的有效武器，另一方面也讓人類社會付出了巨大的代價。

舉了那麼多例子，主要是想要說明幾方面的問題。第一，知識就是力量，一旦產生，知識可以對社會變遷產生巨大的能量。第二，所以，知識需要承擔責任。一種不負責任的知識會對人類社會帶來毀滅性的影響。第三，知識既需要負責，也需要保持獨立性。一旦知識成為政治權力

或者經濟權力（商業）的附庸，知識也會給社會帶來毀滅性的影響。如果從這個角度來看，人們有充分的理由對今天中國社會各階層的思想狀態，尤其是「左派」和自由派越來越激進的思想，它們各自和政治權力、經濟利益越來越密切的關係感到擔憂。

如何建立一個負責任的知識體系

中國目前所呈現的多元思想格局一方面符合中國思想史發展的一般規律，另一方面又體現出其特殊性。歷史地看，民間的思想解放會發生在如下幾種情形。第一，當中央權力衰微，其對思想的控制不再那麼有效，民間的思想空間遽然增加，思想自然表現活躍。第二，社會處於轉型期間，利益多元化必然導致思想的多元化。第三，國家的開放帶來了大量的外來思想，使得社會的「思想市場」多元化。中國當代的思想多元和開放政策、社會轉型、利益多元、民間思想活躍等因素都分不開。處於轉型期的中國社會對思想的需求急劇加大。一方面是不存在思想提供者，另一方面是社會的需求，這就必然出現這樣一種情況：各方面大量進口思想和知識，或者來追求自身的利益，或者來滿足社會的需要。

在全球化時代，無論是限制思想的流通還是思想的創造不僅不可能，更包含着巨大的代價。在這方面，中國現在面臨一種困境。因為不可能限制思想的流通，政府方面已經完全放棄了外來思想在中國的傳播。儘管進口的思想既不能解釋中國，也和中國的實踐不相關，但它們在中國競爭，競爭對政策和社會的影響。隨着各種思想尤其是「左派」和自由派的激進化，其對中國各方面的政策和社會所帶來的衝擊也在加大。問題在於，諸多進口的思想在多大程度上能夠擔負起知識的責任呢？從「五四運動」到當代改革開放的經驗告訴人們，可以確切地說，傳播和販賣這些思想的知識分子少有負責者。負責的知識分子是少數，多數只是為了追求自己的個人利益或者個人所屬的組織利益，而對社會的責任無從談起。

　　放棄對思想流通的限制，這是一大進步。但更大的問題是，中國還不存在能夠解釋自己，和自己的實踐緊密相關，並能對實踐具有指導意義的思想或者知識體系。有關方面不僅自己沒有能力來創造這種知識體系，而且也限制民間來擔當這個責任。不過，實際上，正如前面所討論過的，因為整個知識羣體（無論是官方知識分子還是社會知識分子）處於思想被殖民的狀態，因此沒有足夠的能力來創造這樣一種思想或者知識體系。很顯然，儘管改革開放

三十多年，經濟上取得了巨大的成就，社會巨大轉型，但思想和知識體系一片空白。

這就導致了無窮的惡果。正如前面所討論過的，現在的局面是執政黨意識形態急劇衰落，國家缺失核心價值，無論是執政者還是社會羣體對中國本身的發展具有巨大的不確定感。更進一步，外在世界對中國的意識更糟糕。人們只看到中國在崛起，影響在增加，中國做甚甚麼、不做甚麼都可以對他們的生活產生不同程度的影響，但他們看不到中國崛起的方向和意義。於是，人們感覺到恐懼，各種「中國威脅論」從來就沒有間斷過。這些年裏，針對這種情況，中國有關方面開始花大力氣向外推廣所謂的「軟力量」。但問題是，在沒有自己的思想和知識體系的情況下，到哪裏去尋找軟力量呢？是數千年之前的孔子嗎？但孔子能代表中國嗎？孔子回答不了人們心裏的有關當代中國的問題。人們要知道的是，當代中國是甚麼？

各種進口思想和知識體系既不能滿足內部的需求，對外更是毫無吸引力。無論從內外需求來看，中國迫切需要建立負責的知識體系，解釋和說明中國的現實，指導中國的實踐，並且也能「出口」到國外，以中國「軟力量」的身份出現在國際思想和知識市場上。

要生產出負責的知識體系，首先就需要造就一大批負

責的知識生產者，也就是知識分子。那麼如何才能造就出這樣一大批知識分子呢？這裏，最重要的就是要確立政府和知識之間的邊界。政府應當做甚麼、不應當做甚麼？知識分子應當做甚麼、不應當做甚麼？這些最基本的問題迫切需要回答。

在傳統中國，提供知識的是儒家。因為儒家被整合進政治權力的一部分（即士大夫階層），政府一直是知識的主要提供者。今天的情況如何呢？儘管政府也同樣養着一個龐大的知識分子羣體（或者政府知識分子），但這個羣體已經沒有任何能力來提供社會所需的知識了（實際上，這個羣體必須為官方意識形態的衰落負起主要的責任）。

即使政府能夠擔負起傳統社會那樣的提供知識的責任，政府所提供的知識仍然很難滿足現代多元社會的多元需求。因此，要承認，政府本身很難再扮演知識提供者的角色，更不用說知識的創造者了。不過，政府可以是知識的使用者。意識到這一點，政府就要在自己和知識分子之間確立一個邊界，要容許知識分子在獨立的天地裏自主地創造知識。換句話說，政府必須主動負責為知識分子搭建一個有效的創造平台。如果中國的知識分子依附政府的傳統不改變，那麼知識分子創造知識的使命感無從建立。

同樣重要的是，知識和經濟之間的邊界也必須得到

確立。前面討論過，歷史上，在西方，知識和經濟（即商業）結成了聯盟，而在中國，知識和政治結成了聯盟。但這個局面正在急劇地改變。中國數千年「士、農、工、商」的文化根深蒂固，知識分子一直遠離商業。在傳統意識形態下，知識分子和商業之間的關係沒有任何合法合理性。也就是說，中國的知識分子從來沒有經歷過商業革命的大潮。但改革開放以來的商業大潮已經徹底改變了知識分子和商業之間的關係。今天，知識分子不僅繼續依附政治權力，而且也很快依附在商業利益上，並且非常緊密。從西方的歷史看，如果知識分子失去獨立性，而過度依附商業，也會產生不負責任的知識體系，例如新自由主義經濟學。實際上，這種情況在中國也已經非常顯然。例如人們一直在提問，為甚麼窮人沒有自己的經濟學家？也就是說，為甚麼中國的經濟學家要不為權力說話，要不為利益說話？不過，這並不難理解。為窮人說話，無利可圖；而為權力和利益說話，有利可圖。為權力和利益說話，已經成為中國知識分子的常態。在這樣的情況下，知識分子所生產的知識很難是負責任的。

中國知識分子面臨的這種雙重依附情況又涉及另外一個重要問題，那就是，即使他們得到了自由，他們能夠創造負責的知識嗎？答案是否定的。今天，除了在少數敏感

領域不能批評政府和涉及政治之外，中國的知識分子（教授、研究員等等）可以説是世界上享受最大自由的一個羣體。中國的知識生產者最缺少的就是規定其存在之本質的專業主義。除此之外，還缺少甚麼呢？人們已經形象地指出，中國的教授們很像政治人物，很像商人，很像社會活動家，或者很像人們能夠想像出來的任何社會角色，但就是不像知識分子。這並不難理解。專業主義是規定知識分子本質的東西，沒有了專業主義，社會就自然失去了對這個羣體的認同。而專業主義必須在一定的邊界之內才能生長出來。

從這個角度看，界定知識和政治、經濟之間的邊界為第一要務。有了這個邊界，知識分子才有可能在這個邊界之內專注於知識和思想的創造。有了這個邊界，知識分子也才能呈現出其獨立的品德，培養其獨立的精神價值觀。

除了和政治、經濟等領域的邊界，知識分子如果要創造負責的知識體系，還必須具有國家和社會認同。在社會科學裏，知識的創造沒有邊界，但知識是有邊界的。毫無疑問，到目前為止，所有社會科學知識都是知識分子研究特定社會的產物。沒有古希臘政治實踐，就不會有亞里士多德；沒有市場交易實踐，就不會有亞當·斯密；沒有西方資本主義，就不會有馬克思；沒有官僚體制，就不會有

馬克思、韋伯，等等。顧名思義，社會科學，這裏社會是主體，科學只是方法。當然，因為我們所說的社會都是人類社會，只要是人類社會，那麼必然就有一些共同性。這就是人們在談論自己社會的時候，也可以討論其他社會。客觀地看，任何一個知識或者思想體系都是特殊性和普遍性的結合。特殊性，就是說這個知識和思想體系是針對特定社會的；普遍性，就是說這個知識和思想體系和其他社會具有相關性。

如果意識到這一點，那麼中國知識分子首先要意識到自己的思維和思想被長期殖民這個事實。有了這種意識，才能去自覺地擺脫這種被殖民的意識，才能確立自己的國家和社會意識。

在中國的知識分子羣體中，我們不難找到西方經濟學家、西方政治學家、西方社會學家，但很難找到中國經濟學家、中國政治學家和中國社會學家。這是中國知識分子的認同問題。因為近現代社會科學為西方所創造，西方也仍然繼續主導社會科學的所有方面，知識分子受西方影響不可避免，同時，學習西方也屬必需。只有了解西方之後，才能理解自己所處這個社會的特殊性；也只有了解西方之後，才能了解自己所處這個社會的普遍性。

從方法論上說，中國知識分子更是需要學習西方。正

如在科學和工程，大部分方法論是普遍的工具。儘管中國知識分子也需要在創造新研究工具方面努力，但對西方已經發展出來的工具則可以大量「進口」。現在的問題是，中國的知識分子並沒有區分作為方法論的工具和應用這些工具所產生的知識和思想體系。現在我們所面臨的幾乎所有社會科學概念和理論都是西方社會科學家應用他們的科學方法觀察和研究他們所處的社會而發展出來的。中國的知識分子少有這個意識，大量接受西方的概念和理論，視其為普世的，簡單地把它們應用到中國，來解釋中國，或者試圖影響中國的實踐。這是一種很不負責任的知識行為。

當然，無論從文化交流的角度還是知識傳播的角度，知識進口仍然會繼續，也屬需要。但是，如果要創造負責的知識和思想體系，中國知識分子必須首先解決自己的知識認同問題。沒有這個認同，就很難去理解自己身處的社會。

在方法論層面，人們還必須指向培根時代就已經開始發展出來的實證和實驗傳統。知識不負責任，和創造知識的方法論有很大的關聯。在文藝復興之前，神學對社會的毀滅性影響在於其規範性、不可證實性。當一種不可實證的規範性知識體系被用來改造人類社會的時候，就經常會給人類帶來悲劇。很顯然，這樣做，會演變成一種「削足

適履」的局面，就是改造人類社會，使之符合某一個想像出來的價值（理想狀態）。

在中國，這種傾向性尤其嚴重。中國傳統以儒家為核心的主導知識體系就是一種規範哲學，它強調的是「應當怎麼樣？」的問題，而非「實際上怎麼樣？」的問題。直到今天，中國還沒有真正確立這個實證哲學傳統。大多數知識分子對中國的關切仍然是規範性的，而非實證性的。馬克思強調，哲學家的兩件任務，第一是解釋世界，第二是改造世界。這裏，解釋世界是改造世界的前提條件，因為只有在懂得世界實際上是怎麼樣的之後，才能去改造世界。很顯然，解釋世界是實證哲學的任務，而改造世界是規範哲學的任務。如果沒有解釋世界這個前提，改造世界很可能會對世界帶來毀滅性的影響。

專注於規範研究而忽視實證研究也容易導致知識分子對自己、對其他事物的道德化。不難發現，在中國知識分子羣體中，人們往往搶佔道德高地，把自己無限道德化，而把不同意自己的觀點、不接受自己的價值的他人無限妖魔化。今天中國社會「左派」和自由派之間的敵對關係就是雙方從「規範」看自己、看他人的結果，是知識領域的「階級鬥爭」。

概括地說，如果中國知識分子要創造負責的知識和思

想體系，知識分子的「去三化」是前提，即去政治權力化，去經濟利益化，去思維被殖民地化。這「去三化」也是中國真正確立自己的社會科學的前提。這個任務很艱巨，但必須完成。只有完成了這個任務，中國才能在確立自己的核心價值的基礎上，找到具有普遍性的共享價值。只有核心價值和共享價值統一起來之後，中國才能崛起於世界強大民族之林。

三、在「知」和「行」之間：智庫的角色

中國傳統哲人王陽明在其哲學思考和官僚工作經驗中悟出了「知行合一」的道理。「知行合一」是一個理想狀態，在實際生活中，兩者之間存在着一個巨大的鴻溝。在任何社會，對任何一個組織（包括政府）和個人來說，要做到知行合一都不是一件很容易的事情。一方面，有很多事情，只會停留在「知」的層面，或許永遠不會有「行」的機會。另一方面，也有很多「行」，也就是「實踐」，並沒

有能夠提升到「知」的層面。「知行合一」既然是一個理想狀態，那麼就要去追求。我個人認為，智庫的角色就是要在「知」和「行」之間搭建一座雙向橋樑，即一方面要追求如何把「知」轉化成「行」，另一方面，要把「行」提升為「知」。

政策研究者的「知」與「行」

正因為是處於「知」與「行」之間，政策研究者就必須同時了解「知」和「行」，但和這兩者本身又不完全一樣。

首先，政策研究者和「知」者不同。從事「知」的社會羣體有很多，但最顯著的就是哲學家。政策研究者和哲學家必須有足夠的區別。哲學家可以探討所有一切，無論是現實存在的還是虛空想像出來的。因此哲學家或者屬於哲學思考的人們往往具有濃厚的理性主義色彩。在理想的世界裏，有些理想是可以實現的，有些理想是受現實限制而現在不能實現，將來或許有可能實現，而有些理想則是根本不可能實現的，就是人們所說的「烏托邦」。從現實來看，人類社會從開始到現在，所實現的理想並不多。人們頭腦裏面所產生的理想大多成為歷史的記憶。

政策研究者必須懂得哲學知識是如何產生的。如果

不懂，那就很難分辨哪些理想是烏托邦，哪些是可以實現的，哪些是現在實現不了，將來可以實現的。馬克思曾經說，哲學家有兩項任務，一項是解釋世界，另一項是改造世界。這是兩項關係密切的工作。沒有認識世界，就很難改造世界。改造世界的前提就是認識世界。不過，我想，哲學家的任務主要還是解釋世界，改造世界的任務更多的是讓政治家來做要好一些。當然，這並不排除哲學家轉變成為政治家。馬克思本人就參加了很多政治活動，成為了政治家。不管怎樣，在哲學和政治之間還是有很大的距離的，如果沒有意識到理想和現實之間的鴻溝，那麼政治就會出現很多問題。歷史上，很多具有哲學思維的人成為了政治家，掌握政治大權，就會出現很多問題。法國大革命是一個例子。當時的很多政治家同時也是哲學家，他們想把很多理想轉變成為現實，結果出現了很多問題。如果這些理想事先經過「是否可以實現」的論證，情況可能就會很不相同。很顯然，政策研究者必須具備的品質就是分辨事物發展的客觀規律，就是要溝通理念和實際世界，探索理念或者政策思想的實際可行性。

其次，政策研究者也必須和政府官員有所區別。這裏，政策研究者要尋找自身的定位。這個定位應當和官員的定位不同。政府官員的主要任務是決策和政策執行。這

裏，有幾方面的工作，政策研究者可以做。第一，政策研究者們很難告訴政府官員做甚麼，不做甚麼，因為政策研究者很難獲得實際政策世界的非常複雜的資訊，也很難真正把握政治世界的實際情況。政策研究者所應當做的是告訴政府官員在甚麼情況下能夠做甚麼事情，在甚麼情況下不可能做甚麼，就是說，給出不同的政策途徑選擇。當然，也要告訴政府做一個特定政策選擇會導致的特定後果。第二，要把一個特定的政策放在宏觀環境之中。政府官員一般只注重微觀，看不到一個政策的大局，或者說，他們會側重政策的技術面。這就要求政策研究者把一個特定的政策放在比較宏觀的內容中加以分析。宏觀面的分析有利於決策的科學性和政策的執行。第三，政策研究者必須超越具體的利益。政策制定者和執行者是具有利益的組織或者個人，無論是政策的制定和執行都受制於利益。政策研究者在這裏就具有優勢，因為他們可以做到相對的利益獨立，就是說獨立於某一具體的利益，而把一個特定的政策放置於社會的整體利益之中。正是從這個角度，人們總是強調智庫獨立的重要性。第四，政策研究者還必須注意到一個特定政策的倫理和道德性。任何政策，不管其多麼科學，都帶有倫理和道德面。政策如果和利益相關，那麼也不可逃避倫理和道德。就是說，政策很可能是對利益

的重新分配，一些人可以獲益，一些人可能受損。如果忽視政策的道德面，政策的執行就會造成其他方面包括社會政治面的問題。即使道德問題不可避免，但如果事先對此問題有足夠的注意，那麼至少可以管理和控制道德問題。

政策研究者應當具有哲學家和政治家兩方面的知識。這個角色並不好擔當。政策科學仍然在發展之中，現狀並不令人滿意。很多政策分析者都是學院派人物，很多政策分析工具很難被政策制定者所使用。政府官員感覺到政策分析者的作品不好用，政策研究者感覺到被政府官員冷落。不久之前，我讀到一篇文章，題目是「為甚麼商學院和商業沒有關係？」其實政策研究領域也是這種情況，就是說，政策研究和實際的政策沒有多大的關係。這需要研究政策的人們的思考，以便改進我們的研究。

政策研究者的職責

第一是理論指導。任何政策研究必須是理論指導的，但政策研究本身不是理論研究。沒有多少決策者和政策執行者會對理論感興趣。但如果沒有理論，政策研究很難有說服力。需要有理論，但又不是理論文章，這就要求研究者吃透理論，消化理論，把理論隱含在政策分析之中。

第二是具備國際視野。政策研究要具備國際視野，這一點在全球化的今天尤其顯得重要。至少可以從兩方面來看。首先，國與國之間的互相依賴和影響。一國內部的發展深受外部環境的影響，同時一國內部的發展也會產生外部的影響。尤其像中國這樣的大國，無論國內發生甚麼，都會產生巨大的外部影響。其次，借鑒外國經驗。人們注意到，自近代以來，各國的制度越來越具有趨同傾向。各國制度的發展一方面要符合本國的文化、經濟、社會等等條件，同時也呈現出一些共同的特徵。各國制度的產生和發展都是普遍性和特殊性的結合。中國自改革開放以來一直是一個學習型國家，這是中國成功的其中一個根源。

　　這個傳統要保持下去，做政策研究不能閉門造車。

　　第三是國家實踐和地方背景。無論是理論還是國際視野，政策研究最後要落實到國家的每一個具體環境。如果不能把政策落實到國家的具體實踐和地方背景中，那麼政策會缺乏可行性。政策的可行性來自對一個具體國家和地方的理解。

　　第四，政策研究者也必須把「行」上升為「知」，即把一些政策實踐提升為概念和理論。這方面，西方發達國家做得好，而中國的政策研究者這方面的意識還不強。中國實際上有很多好的政策實踐，但沒有被概念化和理論化。

結果，中國的很多實踐不被外界所理解，其實內部的理解也很膚淺。大家所做的大都是用外國尤其是西方的概念和理論來評論中國實踐。

把「行」上升為「知」非常重要。首先是話語權的問題，就是確立自己的政策價值評判體系，而不是總是借用人家的。借用人家的不是不可，但事實是人家的東西很難解釋自己。其次，是深刻認識自己，從理論上認識自己。第三，這不僅僅是話語權的問題，更為重要的是經驗分享。沒有話語，很難讓人家來解釋自己，人家很難認識你。第四，進入世界「政策市場」。我覺得，如同其他很多事物，世界上也存在着一個「政策市場」，就是各國最優政策實踐和政策思想的「交易」。而「知」就是這種「交易」的形式。中國改革開放有那麼多的政策實踐和思想，也不乏很成功的。但為甚麼在國際「政策市場」上沒有中國產品？主要的原因在於人們沒有把「行」（即政策實踐）上升為「知」。

這是我這些年來做政策研究過程所得到的一些初步想法。說出來供大家參考。

—